21

MARCO BALIANI

Aldo Moro, cuerpo de Estado

TASCABILI

ⱭⱭ1 altamarea

Primera edición en esta colección: octubre de 2024
Título original: *Corpo di Stato*

© Marco Baliani
© de la presente edición: Altamarea Ediciones
altamarea.es
altamarea@altamarea.es

© de la traducción: Fernando Medina Martínez

Fotografía p. 8: Aldo Moro durante su cautiverio
Fotografía p. 101: Peppino Impastato en la década de 1970

Diseño de la colección: Sara Maroto Hebrero
Corrección: Laura Arias Gálvez

ISBN: 978-84-19583-77-2
DL: M-19968-2024

Impreso en España por Estugraf en septiembre de 2024

MARCO BALIANI

Aldo Moro, cuerpo de Estado

Traducción de
Fernando Medina

Un agradecimiento especial a Michele Rossi, que me ha ayudado a imaginar en forma de libro el flujo oral de mi teatro.

Aldo Moro, cuerpo de Estado

Valle Giulia, facultad de Arquitectura,
Roma, año 1973

Hace varios meses que la facultad está ocupada. Afuera, los ventanales están empapelados con pancartas, hay pintadas en las paredes por doquier. La entrada la controlan los camaradas del servicio del orden. Se hacen tandas de vigilancia por turnos.

Los cascos y las porras las hemos escondido en algunas habitaciones, pero están al alcance de la mano.

En el último piso, las ventanas que dan a la cuesta que va hacia viale Bruno Buozzi están siempre listas para ser abiertas si fuese necesario escapar, en el caso de que irrumpa la policía.

Hay un gran ir y venir de estudiantes, los cursos son autogestionados. El de Ciencias de las Construcciones, el de Estática, el de Matemáticas. En las aulas de proyectos, en el tercer piso, alguien ha escrito en la pared «TOMEMOS LA CIUDAD».

Se han organizado también unas comisiones de estudio: en una se indaga la relación entre el poder de los barones universitarios y los chanchullos urbanísticos; en otra, se redactan documentos para los comités de las casas ocupadas en los barrios de las afueras.

En el aula magna las asambleas son frecuentes. Los líderes de los grupos extraparlamentarios presentes en la facultad alternan las intervenciones. El Comité Político de Arquitectura los reúne a todos, desde Avanguardia Operaia hasta Manifesto, Lotta Continua o Potere Operaio, pero sus posturas son muy diferentes.

Sin embargo, tras meses de ocupación, el cansancio empieza a hacer mella: la participación en las asambleas es cada vez más escasa; en las habitaciones dormitorio del último piso, muchos sacos de dormir permanecen vacíos por la noche.

Desde hace algunas semanas, entre los ocupantes más asiduos se ha formado una especie de grupo transversal del que formo parte yo también. Muchos de ellos saben tocar. Conque, para pasar el tiempo, nos ponemos a organizar pequeños *happenings* musicales, viene a visitarnos Dario Fo, nos habla del oficio de actor, creamos pequeñas *performances* en las que mezclamos artes visuales y animación, siempre con mucha música. Utilizamos las aulas abandonadas. También hemos escrito un documento titulado *Da Woodstock a Mirafiori* y lo hemos distribuido.

Me veo en busca de personajes, invento historias e intrigas, leo por primera vez textos teatrales. Nace así, en aquellos meses, una especie de trama teatro-musical a partir de un cuento: *Il re è nudo*. Es un teatro rudo, simple, completamente político.

Decidimos representarlo en el aula magna. Se corre la voz y, el día del espectáculo, el aula se llena de gente, de camaradas, como no sucedía desde hacía tiempo.

Los aplausos irrumpen en mitad de la representación, que se vive con entusiasmo.

Al final del espectáculo, los actores y los músicos —seríamos una treintena— nos alineamos y, para despedirnos del público, cantamos *Bandiera rossa* con el puño en alto, pero incorporando a la canción un ritmo de blues y esbozando pequeños pasos de baile como si fuésemos el coro de un musical.

Nos percatamos, sin embargo, de que solo una parte de los espectadores entiende la ironía.

Después de algunos días, a mí y a algún otro del grupo teatral nos llama el Comité Político. Nada más entrar en el aula de las reuniones, comprendemos que hay mal ambiente, caras hoscas, gestos oscuros. Nos atacan de repente e intentamos defendernos, pero no hay nada que hacer, tenemos delante una muralla infranqueable.

Al final, se levanta un camarada de Potere Operaio, uno de fuera que, apuntándonos con el dedo, nos indica la puerta del fondo y grita: «¡Fuera! ¡Fuera! ¡Que estos ya no son camaradas! ¡Son actores, solo actores!».

Estaba fichado. Así fue como empecé en el mundo del teatro.

9 de mayo de 1978, via Montalcini, Roma.
Al alba. Aldo Moro

Le han disparado a quemarropa, una ráfaga en pijama y camiseta de tirantes, como si estuviese recién levantado, vestido como un jubilado romano.

Lo han despertado y lo han llevado al garaje. ¿Qué le habrán dicho esa mañana? ¿Que lo liberaban? ¿Que habían llegado a un acuerdo? O solo le han dicho que los siguiera, sin más.

Aldo Moro, ¿habrá entendido que era el fin? Habrá visto por primera vez a cara descubierta a sus carceleros y entonces sí, lo debe de haber comprendido. Quizás se haya sorprendido, sí, por un momento se habrá quedado estupefacto, incrédulo de que aquel calvario terminase así, en un garaje, en pijama, anónimo, como si lo hubiesen asesinado los conserjes del edificio.

Quizás Aldo Moro lo había intuido todo desde el principio, sabía que no tenía elección ni escapatoria; de pronto, se había convertido precisamente él en peón y no en dueño del juego, él, que sabía qué era el poder y cómo se mueven y se utilizan los hombres.

El mismo día, 9 de mayo de 1978,
en los alrededores de Cinisi, Sicilia.
Al alba. Giuseppe Impastato

Lo han envuelto en trilita y lo han hecho saltar por los aires en las vías al lado de la estación. Peppino Impastato ha visto cómo se le acercaban, a cara descubierta. Los conocía uno a uno: eran los mismos a quienes denunciaba todos los días desde los micrófonos de su radio, los sicarios de la mafia.

No tiene tiempo de reaccionar, se le han echado encima, lo insultan, lo muelen a palos.

Le llueven patadas, mordiscos, puñetazos, puntapiés. Hay más ensañamiento del necesario en los golpes, y es que quieren vengarse de él, de él que ha osado hablar, que ha tenido el valor de denunciarlos, y esto no lo pueden tolerar. Para los sicarios, él ahora debe convertirse en una cosa, una cosa que aplastar, que anular; en un fardo lleno de miedo debe convertirse; para henchirlo de trilita como se llena de paja un saco.

Peppino Impastato se ha desmayado.

Sí, así quiero creerlo, que se ha desvanecido, que no ha notado cómo lo arrastraban por entre los raíles, especie de viacrucis detrás de la estación, cerca de un pueblo, el suyo, que duerme.

Via Montalcini, en el garaje

Los terroristas están frente a Aldo Moro. ¿Se han mirado a los ojos?

El que ha disparado primero, ¿ha apretado con fuerza el gatillo?

¿Habría podido, en ese momento, detenerse, no hacerlo?

O no, o siempre es así, que a esas alturas del juego las manos se mueven solas, como si fueran mecánicas. Pero tiemblan, ¡tiemblan! Y, entonces, hay que hacer que se vuelvan más fuertes, más duras, se las acoraza, hasta que sepan que tienen enfrente no a un hombre, sino únicamente una imagen, una representación de algo, una cosa. Como si siguiera una orden del destino, y, entonces, la víctima tuviera que estar así, inerme, en tirantes, quizás todavía con un resto de fe en la mirada.

Disparan. La descarga llega como una liberación. Disparan más de lo necesario, como en otros tiempos el cuchillo sacrificial habría entrado y salido repetidamente del cuerpo de la víctima. Disparan. Aldo Moro cae hacia atrás abatido por la violencia de los disparos, demasiado a bocajarro. Se lleva las manos al pecho por instinto, para protegerse. Cae, se desploma.

En tierra, el cuerpo se va convirtiendo ya en estorbo, en cosa.

Los terroristas concluyen ahora el acto sacrificial, lo visten, como en unas apresuradas exequias, porque ahora el tiempo ha comenzado a correr de nuevo y todo se precipita.

Lo meten en el maletero de un coche, un Renault rojo, después lo cubren con una manta, pero no del todo, el rostro queda a la vista, descompuesto, como si durmiera, como aquellos que, vencidos por una fatiga eterna, duermen agotados en el tren que los devuelve a casa.

Cinisi, en las vías del tren

Lo arrastran, lo empujan, lo insultan, ríen, como si fueran dioses, como si tuvieran en sus manos el destino de los hombres. Ríen.

En estas caras ennegrecidas por el sol no hay remordimientos. Cumplen solo una sentencia que otros han dictado, pero deben disfrutar también del cumplimiento, se deben vengar del intelectual, cornudo, comunista, que ha parloteado por la radio sobre la mafia y sus chanchullos.

Hace falta un golpe en la mesa, fuerte, para que se sepa quién manda, hace falta que el aire retumbe, que se sienta vibrar la tierra. Así, dejará de oírse la voz que dice, que habla, que denuncia.

Allí lo dejan, tirado en las vías del tren.

Peppino Impastato explota, la onda expansiva lo descuartiza; no se podrá recomponer; que desaparezca, se desvanezca, como si nunca hubiera existido.

Han pasado veinticinco años desde aquel 9 de mayo de 1978.

De Aldo Moro todos conservamos la imagen de un cuerpo boca arriba entrevisto en el maletero abierto de un coche, un Renault rojo.

De Peppino Impastato, uno de mi generación, un camarada, uno que se había ido a librar su batalla en Sicilia, entre su gente, luchando contra la mafia; de él, asesinado el mismo día que Aldo Moro, no tenemos imágenes para el recuerdo. Después de veinte años, gracias a la confesión de un arrepentido de la mafia, hemos sabido finalmente lo que todos imaginábamos desde hacía tiempo: que los asesinos de Peppino Impastato fueron gente del clan Badalamenti, los mismos que Impastato denunciaba todos los días desde los micrófonos de Radio Aut, en una campaña diaria de contrainformación.

Durante estos veinte años, los despistes policiales y los engaños lo presentaron primero como un suicida, después como un terrorista que había ido a dinamitar las vías, ¡en la línea que va a Cinisi, además, una línea muy frecuentada, malvado!

Han hecho falta veinte años para acercarse, casi, a la verdad.

De Aldo Moro, en cambio, ¿qué sabemos? Dónde, cómo, cuándo, quién lo asesinó, quién lo secuestró y custodió, todo parece claro. Pero, al mismo tiempo, tenemos la sensación de y sabemos que no se ha dicho todo, que la verdad todavía está lejos, y que las cosas ocultas son más graves y comprometedoras que las visibles. Sin embargo, del fango que cubre aquellos días, de las verdades calladas, de los misterios sin resolver, de los chantajes, se ha hablado y escrito mucho estos años. Yo querría contar otra cosa.

Porque los cincuenta y cinco días del cautiverio de Moro fueron como una línea divisoria para toda una generación, la mía.

Fue como si en aquellos días madurara una laceración profunda que quizás ya se incubaba desde hacía tiempo, pero que solo entonces se manifestó plenamente.

De esto quisiera hablar, de lo que sucedía no solo allí fuera, en el mundo, sino también dentro de mí.

El 16 de marzo de 1978 yo tenía veintiocho años, era padre desde hacía uno y llevaba cuatro haciendo teatro.

Via Fani

El 16 de marzo de 1978, cuando la radio comenzó a dar noticias del ataque de via Fani y del secuestro de Aldo Moro, yo salía de la furgoneta para ir a hacer la compra al mercado de Testaccio, en Roma. Y me quedé allá con la puerta abierta.

Inmediatamente, en esos primeros instantes, me invadió un sentimiento excitante, una especie de euforia.

Lo sé, podría decir todo lo contrario, no sería difícil, a toro pasado podría decir que el anuncio de la radio me produjo indignación, que condené inmediatamente la acción de las Brigadas Rojas. No, no es verdad, no fue así.

Me sentí exultante.

¿Cómo era posible? Yo nunca había aprobado los métodos de lucha de las Brigadas Rojas, no había estado nunca muy convencido de que la lucha revolucionaria y la lucha armada tuvieran que ir de la mano por fuerza, y encima de esa forma, claro que no. A pesar de todos los cambios que viví en esos años, ¿cómo era posible que con el anuncio radiofónico del secuestro me sintiera eufórico como si aquello fuera conmigo?

Pero ¡habían secuestrado a Moro! ¡El presidente de la Democrazia Cristiana, un símbolo del Poder, de la Política! Habían atacado el corazón del Estado; así pues, esta vez lo habían logrado, no eran solo eslóganes. Pero ¿cómo lo habían hecho? La empresa parecía excepcional. «De potencia geométrica». Así lo dijeron: «De potencia geométrica».

Y no fui el único asaltado por una sensación de euforia.

Hubo asambleas espontáneas en muchas universidades, manifestaciones improvisadas en las que se gritaban consignas que después quedaron grabadas en las paredes de las ciudades.

Hubo sitios en que se llegó incluso a brindar para celebrar lo que había pasado.

Sin embargo, hubo también manifestaciones de signo contrario. Huelgas espontáneas, otras convocadas por el sindicato, gente que se echaba a la calle a protestar contra las provocaciones, a defender las instituciones democráticas.

En la furgoneta, la radio retrasmitía las primeras reacciones de los políticos, los comentarios desde las salas del Poder. El fascista Almirante y el republicano La Malfa pedían la pena de muerte, se hablaba de guerra, se decía que habían atacado el corazón del Estado.

Con las bolsas de la compra por entre los puestos del mercado, oía los comentarios de la gente, que reaccionaba de las formas más extravagantes.

Había uno que decía: «¡Es una provocación! Ya verás tú que nos van a llenar la ciudad de tanques, ya verás que lo aprovechan y se montan un golpe de Estado».

Y otro gritaba: «Pero ¿por qué Moro? ¡A Andreotti tendrían que pillarse, a Cossiga!».

Una mujer, en cambio, desde el puesto de la fruta repetía: «Pobrecillos esos cinco, no deberían haberlos matado así».

Ya, esos cinco. En un primer momento, la palabra «secuestro», la idea de que alguien como Moro hubiera sido secuestrado fue más fuerte para mí que cualquier otra. Me hizo falta algo de tiempo para asimilar también la historia de los cinco hombres de la escolta de Moro asesinados en via Fani.

Por la tarde, sea como sea, la euforia se me había pasado. La frase que había oído en el mercado seguía rondándome por la cabeza. ¿Por qué precisamente Moro? Cossiga era el nombre que escribíamos con la κ y la doble s nazi en las pancartas en las manifestaciones.

Además, Moro, para la mayoría de la gente, más que símbolo del Poder era símbolo de un modo de comportarse democristiano, con frases kilométricas que daban la vuelta sobre sí mismas enmarañándose en meditaciones continuas. Moro era quien inauguraba siempre la Feria del Levante. Por supuesto, también era alguien que había estado en casi todos los Gobiernos de aquellos años; había sido él quien, en 1975, con un Gobierno de centroizquierda, había dejado que se aprobara la ley Reale, una ley que permitía a policías y *carabinieri* disparar en los puestos de control. Pero, aun así, las cuentas no cuadraban. Moro, ¿no había sido siempre el más próximo a la izquierda, el más abierto al diálogo? ¿No era él quien estaba acercando al Gobierno nada más y nada menos que al Partido Comunista? Es más, ese día se debería haber votado y aceptado la nueva mayoría parlamentaria. ¿Y lo habían secuestrado esa misma mañana?

Al día siguiente, los dos diarios más leídos por los camaradas del Movimiento, *Il Manifesto* y *Lotta continua,* se decantaban claramente, y se mostraban muy duros con los terroristas.

El titular de *Lotta continua* decía: «Secuestro de Moro: el movimiento más cruel y sucio que jamás hayan sufrido los proletarios italianos».

Il Manifesto iba más allá: «El sanguinario secuestro de Aldo Moro es el último acto de una década de masacres encubiertas por el Estado», como si entre los brigadistas hubiese infiltrados, como si los estuviesen manipulando.

Dos días después, *l'Unità* titulaba en primera página: «Tierra quemada en torno a los terroristas». ¿Qué querían decir? ¿Qué había que quemar, todo el movimiento extraparlamentario de aquellos años?

A veces, me parece que esta historia se podría contar de otro modo, como un choque entre padres e hijos. Leyendo con atención la biografía de los terroristas, se descubre que, sobre todo al inicio de la lucha armada, la mayor parte proviene de la tradición comunista obrera, de las secciones locales del Partido, de familias antifascistas, partisanas. O bien del catolicismo extremo, del cristianismo militante.

Vienen de dos grandes Iglesias. Pero, por otro lado, ¿no hace falta una fe grande para matar a alguien en nombre de un elevado ideal de justicia?

Quizás la nuestra, en aquellos años, fue una juventud con demasiado Dios, sí, demasiada fe, y los padres tuvieron miedo, cerraron las puertas al diálogo, al enfrentamiento, quizás porque con nuestras actitudes les recordábamos qué habían sido ellos tan solo veinte años antes. Hubo un cara a cara. Y los hijos, por hacerse oír, se pusieron a gritar más y más, hasta el fragor de las armas de fuego. No sé, quizás hubiera otro modo de contar la misma historia. Un modo para poder entender, por ejemplo, por qué alguien como yo, que ya había dejado de hacer política activa, que continuaba haciéndola a través del teatro, en los barrios de la periferia, con los niños pobres, en las cárceles, con un teatro militante en el que creía mucho —como todavía creo hoy, en el fondo—, cómo fue posible que, con el anuncio de la radio, aunque por unos pocos instantes, me volviese a invadir aquella sensación de excitación revolucionaria. ¿Es una contradicción? Sí, y es esto lo que quiero contar.

Puesto de control

Unos días después del ataque de via Fani, sería el 21 de marzo, bajábamos Maria (mi compañera), nuestro hijo y yo por via Gregorio VII, en nuestro Fiat 500 amarillo, escacharrado. Tenía una puerta blanca que habíamos reemplazado después de un accidente, había que sujetarla con la mano mientras se conducía; si no, se abría en marcha.

A la altura del puente sobre el *lungotevere* encontramos un puesto de control, uno de los cientos que hay ya en Roma. Empuñan las metralletas, nos hacen bajar, nos empujan, siempre nos tienen a tiro, nos zarandean, cachean a Maria para ver si tal vez en lugar del niño llevara escondida un arma.

Mi hijo Mirto, de apenas un año, comienza de repente a llorar.

Abren el capó, entornan las puertas, abaten los asientos, vuelcan en el suelo el bolso de Maria, un biberón lleno de leche rueda por la acera, yo hago por arrodillarme para recogerlo, pero no lo consigo, tengo las piernas entumecidas, tengo miedo.

Miro a los *carabinieri,* son todos más jóvenes que yo. Veo con cuánta facilidad podría iniciarse un ataque con esas armas manejadas así. Ahora podrían disparar y nosotros diñarla sobre el asfalto, y la ley estaría de su parte. He aquí la ley Reale inspirada por Moro, ahora la tenía delante concreta, tangible.

Por fortuna, nos vuelven a meter en el coche enfurecidos porque no han encontrado nada.

Mirto continúa llorando y yo me doy cuenta al poco de que conduzco con las manos encogidas sobre el volante, con el cuerpo arqueado en el asiento.

«Ser odiados hace odiar», decía Pasolini. Sí, es cierto, había odio en sus miradas, pero también había otra cosa, una especie de impotencia, de rabia retenida a duras penas, y no solo por el ataque que el Estado había sufrido, sino porque cinco de sus compañeros habían sido masacrados. Era su sentimiento de pertenencia a un cuerpo, al cuerpo de *carabinieri,* era esto lo que había sido violado y ellos ahora querían vengarse, rápido, enseguida, solo que no sabían qué hacer, cómo comportarse y se desfogaban descargando su rabia sobre gente como nosotros.

Armas

En aquellos días, siempre que entraba en un bar a tomar un café, o que subía a un autobús a ver el vaivén de furgonetas, barrios enteros registrados, los helicópteros que no paraban de dar vueltas sobre nuestras cabezas, me subía por dentro… no sé si miedo es la palabra exacta, un sentimiento de inquietud, de incertidumbre, una sensación que se me adhería al cuerpo como una segunda piel, una piel que me envolvía, impalpable, sutil, cotidiana.

El 25 de marzo salió el segundo comunicado de las Brigadas Rojas. Decían que estaban interrogando a Aldo Moro y que muy pronto darían a conocer a todos las verdades sobre aquellos treinta años de régimen democristiano.

Una de aquellas noches estaba a solas en casa con mi hijo, que dormía ya en la otra habitación.

Maria no estaba, se había ido a Florencia con la parte femenina del grupo a hacer una representación teatral durante una manifestación a favor del aborto.

No conseguía conciliar el sueño. En el último telediario había vuelto a ver la imagen de Moro fotografiado por los brigadistas en prisión.

No conseguía imaginarme a alguien como Moro encarcelado. ¿En qué estaría pensando en ese momento?

También resultaba extraño que me asaltaran pensamientos similares. Cuando en el 74 fue secuestrado el juez Sossi, no me afectó nada de lo que le sucedió. Ahora, en cambio, al ver aquella fotografía, la cara de Aldo Moro delante del símbolo de las Brigadas Rojas, con el mechón blanco, una cara que me había resultado siempre indiferente, más bien enemiga, una cara de cura; ahora, al verlo así, secuestrado, ahora, esa cara me miraba como si yo tuviese que hacerme cargo de su reclusión.

Unos días antes se celebraron los funerales de los cinco hombres de la escolta de Moro masacrados en via Fani y la televisión, de vez en cuando, volvía a emitir las imágenes de los cuerpos acribillados entre los coches.

Me había impactado mucho el que estaba en el suelo, con los brazos abiertos, en cruz. Parecía un muchacho. Y, después, el otro que se había puesto delante para proteger a Moro.

Yo había visto muchos asesinados así en aquellos años; muchos. Pero ahora, no sé por qué, era distinto. Era como si, incluso todos los demás, que yo había tratado de borrar de la memoria, ahora volviesen todos juntos, todos, los asesinados a sangre fría, y salieran de casa, bajaran las escaleras de la universidad, donde la víctima no tenía escapatoria, no tenía posibilidad de un enfrentamiento real, todas las muertes a las cuales nunca había conseguido dar, darme, una justificación.

Pero ¿cómo se había llegado a todo esto? ¿Cómo había ocurrido que amigos, compañeros de grupo, de manifestación, de pronto se hubiesen puesto a hablar de armas? De un día para otro habían empezado a usar términos técnicos, de revistas especializadas, como si se hubiesen quedado prendados. Pero ¿no habían sido siempre los fascistas los enamorados de las pistolas?

Ahora, en cambio, al ver aquella fotografía de aquel joven en Milán, con el pasamontañas, los brazos hacia delante empuñando la pistola con la postura de un agente especial, como en una película americana… Armas.

Armas. Quizás cuando el Estado decretó que las barras de hierro y las llaves inglesas se consideraban armas, algún camarada del Movimiento pensó: «Arma por arma, lo mismo da tener una pistola». Sí, si uno quería ver de verdad lo que pasaba, las señales estaban ahí, y desde hacía tiempo, además.

Bastaba con estar dentro de un grupo que preparase una manifestación para darse cuenta de que la parte más importante estaba ya reservada al servicio de orden, a cómo organizarse, cómo defenderse, cómo armarse.

Pero, por otra parte, ¿qué se debía hacer si los policías vagaban disfrazados de estudiantes durante las manifestaciones, con las pistolas en la mano, para provocar? ¿Qué se debía hacer si disparaban gases lacrimógenos contra los manifestantes en las marchas? ¿No habían asesinado así a Francesco Lo Russo en Bolonia? ¿Y a Giorgiana Masi en Roma, en el puente Garibaldi?

¿Qué debíamos hacer si los fascistas ponían bombas y con ellas asesinaban gente inocente, ayudados quizás por los servicios secretos, como en la masacre de piazza Fontana en Milán o en piazza della Loggia en Brescia? ¿Qué debíamos hacer? ¿Cuándo el enfrentamiento se volvió muerte, sin control alguno, cuándo? ¿Cuándo se empezó a hablar de guerra?

Manifestación

Recuerdo una manifestación en Roma a principios de 1971, hacía frío, debía de ser a finales de enero o a primeros de febrero, una comitiva enorme que desde piazza Esedra bajaba a lo largo de via Nazionale, miles de camaradas, muchos bajo las pancartas de sus agrupaciones y secciones, pero muchos otros también así, sin bandera. La marcha transcurría lenta, potente y festiva. Sí, había todavía un clima como del 68. Durante la manifestación competíamos por inventar las consignas más originales. A mitad de recorrido me quedé sin voz de tanto gritar. Cuando pasábamos debajo de las ventanas de los burgueses era una alegría abuchearlos.

Yo, además, iba de la mano de Carla, con quien esperaba irme a la cama después de la manifestación.

A la altura de largo Chigi, la policía nos esperaba en sus puestos, como se había previsto.

Arrancan las habituales proclamas con los puños en alto: «¡Po-li-cía a-se-sina! ¡Po-li-cía a-se-sina!».

Cuando, de golpe, desde fuera de la manifestación, alguien lanza unos cócteles molotov que explotan delante de la policía, estos empiezan la carga. En la comitiva se oye un grito, Carla pierde el equilibro empujada por una masa de personas que escapan. Yo la ayudo a levantarse, nos tapamos la boca con unos pañuelos, nos lloran los ojos por culpa de los botes de humo lanzados a pocos metros de nosotros y, casi intoxicados, nos echamos a correr por una callejuela hacia el Panteón. Al cabo de un rato veo que Carla ya no está a mi lado, me giro para buscarla y me doy cuenta de que detrás hay un grupo de camaradas que me sigue. ¡Como si supiera adónde ir! Se me acerca Fabio, un camarada pacifista convencido que me grita: «¿Has visto a esos capullos con los molotov? ¡Qué follón nos han armado!». Pero no consigo responderle porque he visto que, más allá, al fondo, hay un pelotón de maderos que avanza hacia nosotros con los escudos levantados, entonces me giro y hago un gesto para que los otros cambien la dirección, así, por intuición. Ahora, Fabio encabeza la fuga, corremos a más no poder, con los ojos que nos queman, siento los lacrimógenos silbar detrás de mí pero no me vuelvo, corro, corro y esquivo los coches aparcados, a saltos. Fabio ya ha torcido por la esquina, pero nada más asomarme, me paro de golpe, delante de mí hay una pelea, un cuerpo a cuerpo de maderos que han rodeado a unos camaradas, me resguardo detrás de un Volkswagen, y en medio del humo de los lacrimógenos veo las porras de los maderos arriba y abajo y venga golpes a esos del suelo; cinco, seis, siete veces. ¡Coño, pero si ese del suelo es Fabio! ¡Lo reconozco por la camiseta!

Veo un madero que se gira y con fuerza le asesta una patada en los riñones, entonces salgo al descubierto, me invade una rabia ciega, estoy a punto de lanzarme a la trifulca cuando veo llegar a los del servicio de orden con los cascos y los molotov en la mano, están a punto de lanzarlos, cojo uno al vuelo y yo también, yo también grito con los demás, lanzo mi molotov que revienta sobre un banco a pocos metros de la camioneta. Los maderos se baten en retirada, ayudamos a los camaradas a levantarse del suelo, Fabio se agarra con las manos el costado, se tambalea, vomita, pero consigue tenerse en pie. La pelea es indescriptible, hay humo por todas partes, un adoquín arrojado por un capullo de los nuestros me da en el tobillo, grito de dolor. Ahora es Fabio quien me sostiene y me arrastra, el tobillo me sangra, cojeo. Fabio me lleva dentro de una iglesia, vamos a la pila de agua bendita, él se santigua, después me empuja a la nave izquierda, la más vacía. Afuera, el escándalo se atenúa de golpe, lejano, nos arrodillamos en un banco, para no llamar la atención, Fabio oculta el pelo largo bajo el cuello de la camisa, se me cruzan los cables, huele a incienso, estoy allá arrodillado, con el tobillo dolorido, en la mano todavía siento el peso del cóctel molotov recién lanzado. Lamento tan solo no haber dado de lleno a la camioneta. Le tenía que haber dado de lleno, estaba a pocos metros…, pero ya ves, al mismo tiempo me sale de dentro una rabia, una rabia contra los de los molotov porque nos han enredado y nos han dejado ahí así. Que se vayan a tomar por el culo ellos y sus «saltos de calidad en la lucha», como decían.

Eh, pero la próxima vez no me engañarán, la próxima vez no iré tan desprevenido a una manifestación, la próxima vez…

Pero ¿qué estaba pensando? ¿Que tenía que ir armado yo también?

Giorgio

Después de que vieran la luz los primeros comunicados de la Brigadas Rojas, en Roma, si se te ocurría salir con demasiada prisa de una cabina telefónica, o si dejabas caer unas hojas de papel en un cubo de basura, enseguida todo el mundo te miraba como si fueras un posible terrorista. Era como si a la ciudad visible, la de todos los días, se le hubiese superpuesto otra, una telaraña invisible, hecha de líneas, encrucijadas, emboscadas y encuentros inéditos con la muerte. Y, en cambio, esta red invisible resultaba, para los de las Brigadas Rojas, absolutamente visible. Solo ellos sabían cómo moverse, dónde ir. Estaban dentro de una red mágica hecha de números, calles, teléfonos, citas. Era el mundo circunstante el que se volvía incierto, inestable.

Sobre todo para aquellos como yo. Sí, para mí más que para el resto, porque yo casi podía imaginarme sus reuniones, podía intuir lo que maduraba dentro de ellos. Sí, cuántas reuniones similares habíamos hecho a principios de los setenta, donde se usaban las mismas palabras, los mismos argumentos, esa jerga de revolucionarios. Sí, casi podía verlos encerrados en las habitaciones, en clandestinidad, sin ningún contacto real con el mundo exterior, donde, a fuerza de hablar uno realmente llega a creer que es la vanguardia del mundo futuro.

Sale y dispara.

El 3 de abril hubo una redada gigantesca, a muchos camaradas los metieron en el trullo.

Esa tarde me llama por teléfono Luisa para recordarme que al día siguiente era el aniversario de la muerte de Giorgio, y que su madre quería que fuésemos todos a su casa, amigos y camaradas de Giorgio, para cenar. Luisa me advierte también de que algún compañero no estará a causa de la redada, pero que la cita se ha confirmado igualmente.

Giorgio. Cuando el año anterior, a comienzos de abril del 77, abrí el diario y vi la fotografía de Giorgio en primera página, me quedé quieto en la barra del bar de debajo de casa, incapaz de articular palabra.

Habíamos militado en el mismo grupo político a principios de los setenta. Giorgio era mucho más joven que yo, él era del grupo de los estudiantes de secundaria, pero nos habíamos hecho muy amigos igualmente. Me gustaba su modo de comportarse, su disponibilidad contagiosa. Giorgio era uno de esos que, cuando hablaba, le brillaban los ojos, siempre lleno de entusiasmo, siempre listo para desvivirse por ayudar a los demás. Ahora, en cambio, estaba ahí, en el periódico, fotografiado como un criminal.

Los *carabinieri* lo habían asesinado después de un atraco.

Un atraco del todo improvisado. Sí, sucedía también esto en aquellos años: a menudo, quizás precisamente los más jóvenes —Giorgio tendría unos veinte años—, se sentían empujados a demostrar a los grandes nombres del terrorismo, a los jefes, que ellos eran capaces, que estaban preparados, quizás con un atraco, así, para financiar la lucha.

Era como aprobar un examen de admisión.

Los *carabinieri* les dieron el alto después del atraco. Bajaron del coche con los brazos en alto. Habían dejado las armas en el maletero.

Pero cuando Giorgio hizo ademán de meterse la mano en la cazadora para coger el documento de identidad, los *carabinieri* —tan jóvenes como ellos— se asustaron, comenzaron a disparar a lo loco. Giorgio fue alcanzado de pleno en la primera ráfaga, muerto al instante.

Cuando, al día siguiente, llego a casa de la madre de Giorgio, veo que Luisa ya está allí. Me lleva enseguida a otra habitación. Quiere enseñarme un álbum donde ha recogido muchas fotografías de Giorgio: querría que yo las guardase.

A duras penas le digo que sí. Me pongo a pasar las páginas del álbum.

En la primera foto se ve a Giorgio y a Luisa abrazados, en Ostia, en el paseo marítimo.

En otra, Giorgio acaba de pintar una pancarta para una manifestación. Posa orgulloso con la brocha en la mano y con la parka verde oscura. Detrás de él, en la pancarta pone: «EL ESTADO BURGUÉS SE DERRIBA, NO SE REFORMA».

En la última foto se ve a Giorgio en medio de un grupo de amigos delante del cine del barrio. Detrás de él, un amigo, de broma, le hace el gesto de los cuernos.

A pocos pasos de aquel cine estaba la sede donde se reunían todos los grupos políticos de la zona. Recuerdo una asamblea, a finales del 72, allí, una reunión como tantas otras en aquellos meses, en aquellos años, todas decisivas, todas fundamentales, cuidadito con no asistir. El orden del día tenía que ver con la ocupación de viviendas o con los desahucios, no lo recuerdo bien.

Yo quería ir sobre todo porque era una ocasión para encontrarme con camaradas que no veía desde hacía tiempo, Giorgio por ejemplo, y especialmente Sara. La guapísima Sara. Íbamos todos detrás de ella y también yo la rondaba sin muchas esperanzas: parecía inalcanzable. Así que me decidí a probar. Iría a la asamblea y, si ella estuviese, la invitaría a ir al cine. «O todo o nada», me dije.

Cuando llego, la sala está ya llena de camaradas. Nos saludamos, besos y abrazos. Ha venido también Giorgio, que me abraza triturándome y allá al fondo veo que también está Sara.

Esa clase de reuniones abiertas a todos eran las que más me gustaban.

Había una energía vital que se movía en muchas direcciones. La sensación de homogeneidad no era forzada, aunque todos creyésemos más o menos en las mismas cosas: que la revolución estaba cerca y que el mundo cambiaría de hoy para mañana.

Cuando, en cambio, se daba el caso de que participaba en las reuniones más reducidas, donde se discutía sobre la línea política, me encontraba siempre un poco incómodo. Para sentirse un grupo, para estar juntos, hacía falta leer ciertos libros y otros no, aprenderse de memoria ciertas citas maoístas-leninistas… En fin, yo era un poco impaciente. Por esto los demás no contaban mucho conmigo: para ellos, a fin de cuentas, era un «francotirador». Se decía así: los que no estaban en un grupo eran «francotiradores». Me buscaban solo cuando había que incendiar las asambleas, porque sabía hablar bien; si no, no me llamaban nunca.

Apenas empieza la reunión, ya con las primeras intervenciones, entiendo que el orden del día no será respetado y que el objetivo de la reunión es en realidad otro.

Los líderes de los diferentes grupos y partidos se alternan para hablar, pero todos usan un mismo lenguaje, un tono más de mitin que de reunión.

Recuerdo que, pasado un rato, me giré hacia Paolo, un buen amigo mío que estaba sentado algo más allá y también él me miró con cara de incredulidad, con una expresión un poco desconcertada. Ahora, las voces de los oradores se habían encendido aún más. Decían que se había llegado a una fase decisiva, que la simple militancia ya no servía —frases utilizadas a menudo para calentar los ánimos antes de una manifestación—. Ahora, sin embargo, era diferente. Era como si hubiese un hilo subterráneo que conectase las diferentes intervenciones, se apreciaba una especie de urgencia, una decisión que tomar lo antes posible, pero no se trataba de decidir una ocupación: había algo en el ambiente que enardecía a los oyentes y hacía crecer la tensión en la sala.

Llegado cierto punto, se pone a hablar Riccardo P., uno de los líderes más influyentes, uno que arrastra de veras a la gente, uno que conozco bastante bien porque años atrás militaba en el mismo grupo político que Giorgio y yo. Con un tono de voz inspirado empieza a decir que hemos llegado a una fase decisiva, que hace falta dar un salto de calidad en la lucha político-revolucionaria; que es la hora, camaradas, de organizarnos en una nueva estructura, de tipo político-militar. Después, a voz en grito: «En fin, camaradas, ha llegado, para todos, el momento de pasar a la clandestinidad. ¡Aquí y ahora, camaradas, quien esté a favor de la clandestinidad, que levante la mano!».

¿Clandestinidad?

Pero si esa palabra quería decir cambiar de vida de un día para otro, desaparecer de la circulación, dar vueltas todo el día por Roma con las armas encima, listos para disparar y asesinar. Clandestinidad quería decir vivir dentro de estructuras con unas reglas férreas, rígidas, de tipo militar.

¿Levantar la mano?

40

Hubo una euforia general, vi a casi todos los camaradas de pie con la mano levantada. Los más jóvenes siempre hacían con la mano el logo de la P38. Giorgio también estaba de pie con el grupo de los estudiantes de secundaria. Yo no levanté la mano, pero más por asombro que por conciencia de lo que estaba sucediendo. Me giré hacia Paolo y vi que él también se había quedado sentado junto con algún otro aquí y allá, pocos.

Sara, no. Estaba allí, en pie, radiante, con la mano levantada como una P38. Cuando se volvió a mirarme y vio que yo me había quedado sentado, su mirada se llenó de una especie de desprecio. La reunión se disolvió enseguida. Los cabecillas tomaban nota de los nombres de quienes seguían con la mano alzada, citándose en ciertos lugares en los días siguientes, hablando entre ellos en voz baja. Yo me sentí de repente excluido, me levanté con un poco de vergüenza y nos adentramos todos —Paolo, los demás y yo— en la noche romana aturdidos, confusos, sin decir palabra.

Riccardo

Recordé un extraño encuentro que tuvo lugar en el verano del 72, y del que solo ahora comprendía el sentido.

Tenía por costumbre ir al mar, cuando podía, un poco más allá de Ostia, hacia Torvaianica. Recuerdo que había garitas ilegales que con el tiempo se habían ampliado convirtiéndose en restaurantes y tiendas de alquiler de sombrillas. La playa era de libre acceso, estaba poco frecuentada.

En Guerrino er Marinaro se podían comer a buen precio unos óptimos espaguetis con tellinas que él mismo, un hombrecillo de barriga desbordante —que quizá en algún momento fue marinero de verdad— pescaba al alba sumergido hasta la cintura, con una especie de rastrillo, tamizando la arena.

Leía tumbado en la arena cuando vi llegar por la orilla a Riccardo P.

Iba en bañador; alto, era un tipo más corpulento que yo, muy atractivo y deseado por una tropa de camaradas que lo adoraban.

Nuestros grupos políticos extraparlamentarios se habían fusionado unos meses antes, después de una serie infinita de reuniones y de documentos programáticos.

Riccardo siempre estaba en primera fila, generoso hasta la abnegación, dispuesto a resolver cualquier problema, a ir a cualquier lugar: un verdadero estajanovista político. Tenía una forma de hablar en los mítines y en las reuniones algo fuera de tono.

Parecía más un revolucionario decimonónico, una especie de Santorre di Santarosa.

Me impresionaba de él la fe con la que proclamaba la línea política justa, que debía seguirse ciegamente. Tenía una indudable capacidad de arrastre, especialmente con los más jóvenes, que quedaban hechizados con su forma de comportarse.

Su manera de hablar me exasperaba un poco, era demasiado barroco, rimbombante, no iba nunca al grano, y pasaba enseguida a eslóganes y proclamas, sinceros y sentidos, pero que llegaban como rayos, mientras el discurso anterior había consistido en dar vueltas y vueltas sin pies ni cabeza.

O quizás sea que yo desconfiaba un poco de él, de sus orígenes pudientes, de vástago de buena familia.

Yo, que siempre había vivido en arrabales como Acilia, lejos de Roma, más cercano a la anarquía y a la malevolencia del lumpemproletariado, sentía una desconfianza instintiva hacia los hijos de papá, no me convencían.

Quizás envidiaba ocultamente su condición, esa capacidad de ir por ahí sin un duro en el bolsillo para después, al acabar la comida, hacer que los demás les paguen su parte de la cuenta, con un sentimiento casi de fastidio por el vil dinero. Riccardo me dijo que había llamado por teléfono a mi casa y le habían dicho dónde estaba, y que había decidido venir a verme.

Sin darme tiempo para contestar, comenzó uno de sus discursos un poco de cura, una regañina velada, con tono de reprimenda de hermano mayor por los compromisos que últimamente había desatendido.

Me preguntó dónde había ido a parar, qué estaba sucediendo con los de las casas ocupadas. Le parecía que había demasiado «movimientismo» en mi forma de actuar. Cosas de ese estilo, iba de tópico en tópico, como si estuviésemos en la sede del Partido y no a pleno sol frente al mar.

No me había recuperado todavía del estupor que me había dado volver a encontrarme con él, nosotros dos, que solo habíamos compartido alguna cena al acabar una reunión, algún viaje a Milán para manifestarnos, pero nada más, y que nos separaba no solo la edad, sino experiencias muy diferentes.

Me encontraba incómodo. Él debió de darse cuenta, porque comenzó a hacer comentarios de los cuerpos femeninos que paseaban por la playa, pero esta vez de forma un poco forzosa, como si quisiese mostrar su lado sociable y popular. Después, me propuso un baño. Yo no tenía ganas, así que se bañó él solo, con un estilo impecable a lo Tarzán. Volvió salpicando y, sin secarse, se sentó a mi lado y volvió a hablarme de programas y políticas. De vez en cuando pedía mi opinión sobre ciertos argumentos, mirándome fijamente como si esperase de veras entender lo que pensaba.

Estaba confuso, la situación era tan anómala que mi única reacción era un difuso sentimiento de culpa por mis respuestas inadecuadas.

Y, sin embargo, veía que estaba realmente interesado en mí. Sentía que, a su manera, valoraba mis capacidades, el carisma que desplegaba en los mítines improvisados sobre los que él llamaba sonriendo «los inadaptados» —los camaradas que no consiguen soportar las reuniones—, y pasó a elogiarme por el trabajo político de un año antes en la facultad, por los contactos creados con los comités políticos de los barrios en Ostia y Casal Palocco. Después, tomó aliento, como si hubiese terminado un preámbulo.

Empezó a decir con voz apasionada que ahora él sentía que se acercaba un momento decisivo, que la represión del sistema crecía día tras día y que ya no se podía vivir así, a corto plazo. Estaba de acuerdo, ¿no? Ya no bastaba con tener un programa y una línea, había que acelerar las cosas, hacía falta algo más. ¿No notaba lo que flotaba en el aire?

Al decirlo, examinó rápidamente a su alrededor, le temblaba la cara como si de veras intuyese algo en el aire que yo no conseguía sentir. Después, de repente, recogió con la mano un poco de arena y se encantó viéndola escurrirse como en una clepsamia.

—¿Sabes que mi hijo ha empezado a llamarme papá?

Me quedé desconcertado, ¿qué estaba sucediendo? Había algo en aquel cambio súbito que me impresionó, me inquietó. Me quedé en silencio un instante, seguro que demasiado. No sabía qué decir. Masculló algo sobre los próximos encuentros, a los que no faltaría, pero era evidente que hablaba sin convicción.

Como si se hubiese dado cuenta de que se había desenmascarado demasiado, de que había cedido al desvelar un aspecto de sí mismo, cogió el libro que estaba leyendo. Era *Moby Dick* en la traducción de Pavese. Una especie de libro sagrado para mí, una biblia que estaba releyendo aquel verano quizás por tercera vez. «¿Y crees que con esto se podrá hacer la revolución?». Le salió una risa amarga, «qué coño haces aquí tomando el sol mientras hay camaradas deslomándose en las fábricas, dejándose la piel todos los días, ¿acaso no ves qué hay alrededor?, esta gente, esta…».

Hizo un gesto de desprecio que comprendía todo el horizonte, todo, desde el mar hasta la playa, como si de repente el día fuese inútil y sin sentido.

Ahora no le quedaban más palabras, miraba alrededor jadeando, los brazos trazaban gestos en el aire como para borrar lo que veía. Se volvió hacia mí, cara a cara.

—¡Vamos, Marco! ¡Vamos! ¡Este es el momento! ¡No te eches atrás!

Se dio cuenta de que había levantado demasiado la voz y que alguien lo miraba. Entonces añadió con un tono de conspirador:

—No querrás dejarnos justo ahora… —Me estrechó fuertemente el hombro—. Te esperamos, ¡necesitamos camaradas como tú!

Se vistió deprisa, recuperó el tono falsamente bromista, me hizo un último gesto de saludo y se encaminó hacia la explanada donde había aparcado la moto.

Me quedé flipando. Recogí de la arena el libro que él había tirado antes; de todo lo que había dicho, la alusión a la futilidad de Moby Dick era lo que más me había herido.

Por un momento, algunos instantes antes, había intuido en él una especie de furia destructiva, aniquilante.

Lo miraba alejarse, no cojeaba como Ahab con una pierna hecha de hueso de ballena, aunque en él también había una lucha en curso.

Cuando me habló del hijo le cambió la voz, se volvió amable, en contraste con la fuerza de su desprecio, tan potente. Sí, con esa energía destructiva hubiese arrastrado a cualquiera a un vórtice. Nunca había advertido una voluntad tan férrea y débil al mismo tiempo. El día se había echado a perder, se me fueron las ganas de mar. Me volví a vestir lentamente. Unos niños habían construido un castillo de arena y ahora chillaban contentos y atemorizados a cada avance de las olas.

Solo después, mucho tiempo después, supe que en aquellos días Riccardo había decidido optar por la lucha armada.

Cuando vino a verme no sé en qué punto del camino estaba.

Quizás estaba ya muy avanzado y lo qué quería saber era dónde estaba yo, como un examen para ver si yo era capaz de tomar una elección como la suya. Sin duda, en parte había sido así. Había venido a tantearme y debía de haberlo decepcionado profundamente, me habría juzgado como perdido para la causa. Mis respuestas, vista la incomprensión de lo que realmente me preguntaba, debían de haberlo frustrado e irritado.

Sin embargo, hubo momentos en los que su mirada había dejado ver una nostalgia de pertenencia a aquella playa, a aquel día cualquiera, un sentimiento como de quien se obstina en amar esas cosas a pesar de saber que debe dejarlas atrás.

Riccardo fue capturado poco tiempo después, cuando ya estaba en la clandestinidad. Le hirieron en un tiroteo.

Acabó en la cárcel. Intentó fugarse. Participó en varias revueltas en las cárceles italianas.

Estoy seguro de que también allí habrá encontrado un auditorio atento con el que nutrir su perenne estado de rebeldía.

Armando

El 15 de abril se publica el sexto comunicado de las Brigadas Rojas. Aldo Moro ha sido condenado a muerte.

El Movimiento está ya dividido en tres ramas. Por una parte, los que todavía defienden o justifican a las Brigadas Rojas diciendo que son «camaradas que se equivocan». Por otra, los que, en cambio, piensan que los brigadistas son todos unos infiltrados manejados por los servicios secretos.

Pero hay otra parte del Movimiento que ha empezado a pensar que ahora el problema político es otro: tratar de negociar de todas las maneras la liberación de Aldo Moro.

Y yo estoy de acuerdo con ellos.

¿Qué me pasaba?

Era como si, con el paso de los días, dentro de aquella cárcel no hubiese ningún parlamentario democristiano. Cuantos más comunicados y ultimátums llegaban, más se paralizaba todo alrededor, más parecía salido de un guion ya escrito en el que la víctima no tenía escapatoria desde el principio.

En fin, conforme sucedía todo esto, Aldo Moro pasaba a ser, a mis ojos, en mi fuero interno, un hombre como cualquier otro, un tipo como yo, alguien a quien no se podía dejar que muriese así, alguien a quien salvar, salvar y punto.

Un día de finales de abril fui a ver a Armando a la cárcel.

En el turno de los camaradas me tocaba a mí, hacía más de dos meses que no lo veía.

Paso las habituales inspecciones de control, una verja detrás de otra con los carceleros dando portazos para hacerte sentir cuán encabronados están también ellos por estar encerrados allá dentro. Llego a la sala de visitas, sórdida, como siempre.

Armando me espera allí. Lo encuentro pálido, ajado, pero no se lo digo. Intercambiamos las frases de siempre, los saludos. Él me pregunta enseguida por Lucia, su mujer, y por Alice, su hija. Le digo que he hablado con ellas, que están bien.

Y después, por hablar de algo, le pregunto si sigue en los periódicos el tema de Moro, que qué piensa, pero él me hace un gesto como diciendo que esta historia le importa un bledo. Y, de repente, cambiando el tono, se me pone a hablar con entusiasmo del terreno en Umbría y de la casa de campo que ha decidido reformar y arreglar nada más salga de allí, de aquí a catorce meses. Lo dice así, no un año y dos meses: catorce meses.

Armando se ha chupado tres años de cárcel por una gilipollez.

Una noche llaman a la puerta y se presenta en su casa un camarada de toda la vida, que no veía desde hacía mucho, de aquellos un poco desaparecidos de la circulación. Armando se dedicaba ya enteramente a su trabajo como médico en un hospital.

El camarada le pide que si, por una noche, le puede guardar en su casa un paquete, una cosa envuelta en papel de periódico dentro de una bolsa de plástico, solo por una noche, quizás en la bodega. Armando no sabe qué hacer. Lucia no está en casa. El camarada insiste, dice que no puede ir por Roma con eso encima. Intenta insinuar algo, pero Armando no quiere saber más.

—Venga, ¿qué te cuesta? Solo será una noche, como mucho mañana vuelvo a por él, te lo prometo.

Armando baja a la bodega. No necesita mucho para entender qué es lo que tiene entre las manos: siente a través del papel y el plástico tanto la forma como el peso de la cosa que está escondiendo.

Pasan dos días y nadie viene a recogerlo. Armando no le ha dicho nada a Lucia. De vez en cuando baja a la bodega como para esconder mejor el paquete.

Al alba del tercer día, los *carabinieri* rodean la casa de Armando.

Los sacan de la cama, los cachean. Saben enseguida dónde buscar. Bajan a la bodega y descubren el arma: Armando está jodido.

No sabrá nunca realmente cómo pasó. Parece la historia de un robo hecho a medias entre un grupo de camaradas un poco inexpertos y una banda de quinquis de barrio.

Estos, una vez arrestados, cantaron enseguida. Quizás, a cambio de reducciones de condena, echasen más leña al fuego y dijesen su nombre. En fin, Armando fue procesado por juicio sumario y le cayeron tres años, y aun así tuvo suerte porque el arma no había sido disparada. Ahora Armando no quiere hablar del tema.

Lucia no se lo ha perdonado nunca. Pasó tres meses en el calabozo antes de poder demostrar su inocencia. Y esto es lo que más le carcome en la cárcel, lo que le consume.

Finalmente, el tiempo de la visita se acaba. Sí, digo finalmente porque, cuando me levanto de la silla, experimento una sensación de alivio. Después de la última verja me doy la vuelta para saludar a Armando. Él todavía está allí, de pie, pero no me saluda. Y por un instante me siento como culpable por tener la suerte de estar fuera.

Subo al 44. Todavía estoy aturdido cuando, mientras el autobús renquea por la subida del Gianicolo, de repente me giro de golpe porque me ha parecido ver cerca del conductor a un camarada... No, me he equivocado. Es una paranoia: no hay nadie conocido cerca del conductor.

¿Y si, en cambio, hubiese allí alguien conocido? Si ahora hubiese reconocido de veras, al fondo del autobús, a un camarada de toda la vida, a uno de esos desaparecidos de la circulación, en busca y captura... Conozco a más de uno, ¿no? Alguien con quien hace algunos años estuve en un piquete o repartí octavillas. O, más aún, un amigo de los de verdad, ¿qué haría ahora? ¿Lo saludaría?

Y si ese mismo día, justo después de la parada donde se baja, a dos pasos de piazza Ottavilla, alguien muriese asesinado —no costaría mucho conectar ambos hechos—, ¿qué haría entonces?

Pongamos que esta noche me sucede como a Armando, esta noche que estoy solo en casa. Llaman a la puerta. Abro y en el umbral veo a Sara. La guapísima Sara.

Me la imagino todavía más guapa, seguro que más mujer. Se me pone a hablar de ella sin arriesgarse mucho, total, ya sabe que lo sé todo, y después, de repente, me pide que la hospede por una noche. Me lo pide como si fuese una cosa pacífica, banal, entre camaradas. O en cambio no, me lo pide con la misma mirada un tanto despreciativa de aquella vez en la reunión.

De todos los caminos posibles que podría tomar cuando pienso en esta escena, en mi imaginación no decido a tomar ninguno. No sé qué hacer, me quedo quieto en el umbral. Bastaría con dar un paso atrás para dejarla pasar y ya sería cómplice, no sé de qué. Si, en cambio, cerrase la puerta y la capturasen esa misma noche, toda la vida me sentiría responsable de su arresto. Así que me quedo allí, incapaz de elegir, dilatando hasta el infinito el momento de la decisión. Ni contigo ni sin ti.

«Ni con las Brigadas Rojas ni con el Estado».

Cuando salió este eslogan en el diario *Lotta continua* me pareció muy acertado, una óptima forma de desentenderse, para no acabar jodidos en una partida a dos. Que no contasen con nosotros: no estábamos ni con las Brigadas Rojas y sus métodos de lucha, ni tampoco con este Estado que continuaba matando estudiantes y obreros por las calles de Italia. Que no contasen con nosotros, es muy simple: ni los unos ni los otros. Ni con las Brigadas Rojas ni con el Estado.

Me pareció una elección bastante liberadora.

En cambio, ahora, pasados más de treinta días desde el secuestro de Moro, esa frase me sonaba como un signo de impotencia.

Hay una película de Truffaut titulada *La mujer de al lado,* con Gérard Depardieu y Fanny Ardant.

En la película, él es un hombre casado, acomodado, con mujer e hijos.

Pero un día descubre que, con su nueva vecina, también casada, tuvo un apasionado romance. Los dos vuelven a verse a escondidas y pronto descubren que todavía se aman. Continúan saliendo juntos hasta que son descubiertos. Se arma un escándalo. Ella se ve obligada a volver con el marido. La casa de los vecinos se queda vacía, todo parece volver a ser como antes.

Pero, una noche, Depardieu no consigue dormir. La puerta de la casa de al lado chirría, bate contra el quicio. Él baja, ve que la puerta está entornada, entra y al fondo de la estancia vacía está ella esperándolo. Se abrazan, ruedan por el suelo, se aman y, en el clímax del acto de amor, ella saca del bolso una pistola y dispara, primero a él y luego a ella.

En la escena siguiente, mientas serpentea el cortejo fúnebre, se oye una voz en *off* de una amiga común que dice lo que podría ser el epitafio para sus tumbas: «Ni contigo ni sin ti».

Hoy me pregunto si el movimiento político en su conjunto se suicidó en aquellos días de la misma forma, abrazado al amor a la causa que lo vio nacer y crecer.

Periódicos

El 24 de abril sale el octavo comunicado de las Brigadas Rojas. Dice: «El precio del destino de Aldo Moro es la liberación de los presos políticos».

Los márgenes de la negociación se estrechan todavía más.

Desde la prisión, a través de las cartas, Moro lanza llamamientos desesperados a los dirigentes de la Democrazia Cristiana, pero nadie hace nada.

El frente de la firmeza, contrario a cualquier negociación con los terroristas, no cede. Todo se precipita.

En aquellos días, cada vez que entraba a la cocina y abría el frigorífico, la cara de Aldo Moro me miraba.

Había sido Antonio, un argentino que vivía con nosotros y trabajaba en nuestro grupo de teatro, el que había pegado con celo sobre la nevera la ya entonces famosa imagen de Moro prisionero. Después, abajo, con el rotulador había escrito: «Uno, ninguno, cien mil» y, seguidamente, había pegado pacientemente uno al lado del otro, recortándolos de los periódicos, una serie de adjetivos con los que, en aquellos días, los periodistas intentaban determinar la compleja personalidad de Aldo Moro: Moro melancólico, misterioso, el apacible Moro, lúcido, lento, delicado, un Moro sereno, solitario, orgulloso, optimista, pesimista, reticente, hierático, paciente.

Debajo de «paciente», con el rotulador, Antonio había dibujado una flecha que llevaba a una viñeta de Andrea Pazienza. En ella se veía a un comisario abriendo de par en par la puerta de un apartamento y, apuntando con el dedo, pregunta: «¿¡Aldo Moro!?». El inquilino, asustado y con las manos en alto, responde: «No, bajo y rubio».[1]

1 Se plantea un juego homofónico a partir del ensordecimiento de la oclusiva /d/ en ciertos dialectos italianos, sonando la pregunta así: «*¿Alto Moro?*» («¿Alto [y] moreno?»). *(N. del T.).*

Antonio sostenía que sobre este asunto de Moro teníamos que ser capaces de reírnos, de otra manera nos hundiríamos; que él en Argentina había visto cosas peores que lo de Moro. Hacía falta, según él, dar con lo grotesco de la situación. Por esto había tapizado la cocina con recortes de periódicos, viñetas, ilustraciones. Cerca del escurreplatos había un dibujo colgado de la pared donde se veía un pavo enorme en cuclillas sobre los tejados de una ciudad.

En aquellos días todo el mundo estaba obsesionado con los zulos. La policía descubría refugios de brigadistas por todas partes, un día sí y otro no. Los refugios aparecían por doquier, pero los brigadistas nunca. A no ser que se tratase de los zulos de verdad, como el de via Gradoli, esos que, aunque se supiera que existían, nunca se buscaban ni se registraban.

En el dibujo se veía al pavo en cuclillas que sujetaba con las alas una metralleta y sobre el pecho tenía dibujada la estrella de cinco puntas de las Brigadas Rojas. El bocadillo que le salía del pico decía: «Nada por aquí, nada por allá: ¿dónde está la guarida?».[2]

Quizá Antonio tenía razón: todos los días sucedían cosas grotescas, pero quizá hacía falta mantener

---

2 Se realiza un juego de palabras entre el sustantivo *covo* (guarida, escondite) y *cova,* tercera persona del verbo *covare* (incubar, anidar, guardar): *«Covo qui, covo là, cova tutta la città»* («Escondite por aquí, escondite por allá, toda la ciudad [los] incuba»). *(N. del T.).*

cierta distancia de seguridad para poder comprenderlas.

Unos días antes, a pocos metros de donde estábamos, en via Villa Pamphili, la policía había dado el alto a un estudiante en moto en un puesto de control.

Después de haber revisado los documentos, los policías le habían requerido que levantase el asiento y abriese el depósito para un control. El estudiante levantó el asiento, abrió el tapón del depósito, después miró dentro y dijo: «Aldo, sal, venga, que nos han pillado».

Fue condenado por juicio sumario a seis meses de cárcel.

Pero la noticia más absurda salió en un semanario.

Se trataba de la pericia de un ilustre psicografólogo. Había analizado la forma de escribir de los brigadistas a través de la lectura atenta de sus comunicados y había llegado a la siguiente conclusión: los brigadistas eran, en términos psicoanalíticos, «orales puros».

Los orales puros son personas que, de niños, tienen graves problemas con la figura materna. Por este motivo, buscan siempre sustituciones simbólicas de esta figura ausente, así que les encanta el agua, símbolo materno por excelencia, y más aún el mar, la Gran Madre.

Al ser, entonces, unos orales puros, siempre sienten la necesidad de llevarse algo a la boca, de picotear galletas, golosinas, refrescos…, en resumen, que tienen que ir siempre al bar.

A estas alturas, hubiese bastado con analizar la recaudación de los bares del litoral romano y, nada más descubrir el bar que durante el mes del cautiverio de Moro había aumentado los ingresos, se acabó el juego. Dos pasos más allá se descubriría, seguro, el zulo con Moro adentro y a los carceleros.

Y lo mejor es que las fuerzas del orden se lo creyeron y se pusieron manos a la obra.

Al releer hoy los artículos que aquellos días escribieron periodistas, políticos, psicólogos… el escenario no es solo grotesco: es macabro. Celebraban el funeral de Moro por adelantado. Desde la aparición de sus primeras cartas desde la prisión, todos se aprestaban a demostrar que no las podía haber escrito él.

«Grafía más bien tambaleante».

«Esas palabras no son las suyas».

«La firma es suya; las ideas, sin duda, no».

«La caligrafía es la suya, pero la carta no tiene valor: escribe bajo los efectos de un hipnótico».

«Una escritura elemental, infantil».

«Un Moro irreconocible».

«Pero ¿es el verdadero Moro u otro Moro?».

«En ningún momento hemos creído ninguna de sus palabras».

Cuanto más intentaba comunicarse Moro, hacerse entender, encontrar alguna solución…, más se apresuraban los de alrededor a desacreditarlo, a hacerlo pasar por alguien incapaz de entendimiento y de volición.

Así, a todos los del frente de la firmeza que rechazaban cualquier negociación les convenía no llevar la voz de Moro en sus conciencias; total, no era él quien escribía.

El más coherente de todos, desde el principio, fue Indro Montanelli. Después de la primera carta de Moro a Zaccagnini escribió que, según él, Aldo Moro se podía considerar políticamente muerto. En uno de sus últimos artículos en *Giornale* había decretado que «Aldo Moro, el presidente de Democrazia Cristiana, murió en el mismo instante en que fue secuestrado. Nada de lo que desde entonces ha dicho o hecho se le puede achacar. El único homenaje que podemos y debemos rendirle es fijar la fecha de su fallecimiento en el 16 de marzo, el resto es silencio».

Petrosinella

A primeros de mayo debíamos ir a representar una obra en una escuela primaria.

A las ocho y media estamos ya allí. Empezamos a descargar los baúles con los disfraces y los instrumentos musicales. El bedel de la escuela se llama Pietro.

Apenas se da cuenta, después de haber intercambiado unas palabras con nosotros, de que somos camaradas del Movimiento, va corriendo a la secretaría y vuelve con la portada de *l'Unità,* para demostrarnos, artículo en mano, que el Partido Comunista tiene razón en sostener la línea de la firmeza y que está claro que los brigadistas son solo unos provocadores y que quienes, como nosotros, apoyan la negociación les hacemos el juego. Yo, entonces, pierdo el control. Le respondo que, al contrario, son precisamente los del Partido Comunista los que no han entendido nada, que se han engañado ellos solos con esta historia de la firmeza, pero ¿es que no lo ven?, ¿no ven que apoyan a un Gobierno que es peor que el de centroizquierda de antes? Pero él no me escucha, insiste y dice que… Yo lo interrumpo. No tengo tiempo de ponerme a discutir ahora, el espectáculo va a comenzar, los niños están ya todos en sus sitios y Maria me dice que es la hora de salir a escena.

Maria hace el papel de Petrosinella, a la que los hermanos Grimm convirtieron en Rapunzel. Tres terribles hadas han capturado a Petrosinella y la han encerrado en una torre. Yo, en cambio, soy Memé, el primo de las hadas. Tengo también poderes mágicos y en la primera escena me enamoro perdidamente de Petrosinella, así que decido traicionar el vínculo familiar con las hadas y ayudarla regalándole tres objetos especiales: una escoba, un hacha y un trozo de pan. Tres objetos muy simples, en realidad.

Será ella la que los convertirá en especiales cuando descubra por sí misma cómo usarlos en las tres pruebas que la esperan, como en todos los cuentos.

Después de darle un beso a Petrosinella y entregarle los tres objetos, salgo de escena para cambiarme de disfraz. Y allá, entre bastidores, está todavía Pietro, que no me suelta. Dice que el Estado no puede permitirse negociar con unos delincuentes y yo entonces le respondo que no es cierto, porque también en tiempos de guerra se negocia con el enemigo con tal de liberar un prisionero. «¿Guerra? ¡Pero qué guerra!», responde él. Aquí no hay ninguna guerra. Él ha hecho la Resistencia y sabe qué quiere decir guerra, nosotros no sabemos ni tan siquiera de qué estamos hablando. Yo entonces le digo que… Pero para qué molestarse: Pietro es inamovible. Está orgulloso de que la línea de la firmeza del Partido Comunista haya arrastrado consigo a todos los demás partidos del arco constitucional, incluida la Democrazia Cristiana. ¡La Democrazia

Cristiana, partido de la firmeza? ¡Venga ya! Si hay un partido que no sabe qué es la firmeza es precisamente la Democrazia Cristiana. La única cosa firme que tienen es la devoción a las poltronas del poder. Para lo demás, siempre han sido una veleta que giraba donde más convenía. Esta vez convenía estar inmóviles y dejar morir a Moro, así es como estaban las cosas.

En aquel momento oigo que Maria me da el pie. Por instinto, entro en escena para responder, pero me doy cuenta de que, enfrascado en la discusión con Pietro, ni siquiera me he cambiado el disfraz. A estas alturas de la historia, yo debía aparecer con una máscara enorme para hacer el papel de ogro y poner en peligro a Petrosinella a sus espaldas; en cambio, voy vestido de Memé. ¿Y ahora qué hago? Me pongo a hacer una cara monstruosa, pero los niños ríen porque han reconocido a mi personaje.

Por suerte, Maria toma las riendas de la situación y me dice: «Pero Memé, ¿por qué haces esa cara? ¿Te duele la barriga?», y los niños ríen todavía más.

Entonces le sigo la corriente e improvisamos una obra que hace que se partan de risa.

¡Qué maravilla, el teatro! Basta con cambiar el guion en un punto y todo toma otra dirección.

Al final, los niños están todos en pie y nos aplauden contentos. El espectáculo se ha acabado:

Petrosinella ha conseguido liberarse de la prisión. Los cuentos acaban siempre bien.

Comenzamos a desmontar los decorados para meterlos en los baúles cuando vemos volver a Pietro. Está un poco afligido, quería que nos despidiésemos sin rencores, como se hace entre camaradas. Después, yendo hacia la salida, me coge del brazo y me dice: «¿Sabes qué? Estamos todos atados de pies y manos».

Y esta vez tenía razón él. Es cierto: estamos todos bloqueados, como en la brisca o en la escoba, cuando, al final de la partida, solo puedes jugar con las cartas que llevas, no puedes sino seguir una trama marcada.

Agenda

9 de mayo de 1978. Abren la puerta trasera de un coche.

El cuerpo de Aldo Moro queda a la vista de todos. Será su última imagen pública. Después, estos fotogramas permanecerán y hablarán como hablan las imágenes en nuestra memoria.

Miro el coche. El Renault 4 era, por antonomasia, el coche de los años setenta, el coche del Movimiento: consumía poco, no costaba mucho, había muchos de segunda mano y pasaba de un dueño a otro sin problemas. Era un coche de izquierdas, con el cambio manual tan duro que parecía el de un tranvía, que te rompía los brazos, con las suspensiones que en las curvas parecía que estuvieras en una barca. En ese coche habíamos hecho las primeras *on the road* de aquí, habíamos fumado nuestros primeros canutos, escuchado la música de aquellos años, siempre un poco apretados en asientos incómodos.

Lo miro ahora y veo que, de algún modo, nos quitaban también esto. Aquel coche era también un coche fúnebre, aunque no solo se celebraba el funeral de Aldo Moro.

Meses después me encuentro solo en casa, es noche cerrada, hace calor, las ventanas están abiertas. Estoy sentado ante el escritorio; encima de la mesa descansa mi agenda, completamente gastada. Está abarrotada de números, calles, teléfonos. La cojo y la empiezo a hojear. Sobre la tapa negra, la fecha en que se compró: 1970. Han pasado ocho años.

Empiezo por la letra A. Arranco la primera página, después la segunda, la tercera, enciendo una cerilla, acerco las hojas y dejo que se quemen. Después continúo con las otras páginas, las letras B, C, D… En la P está Peppino Impastato, el número de Radio Aut.

Poco a poco quemo todas las demás páginas.

¡Habría deseado tanto que esa noche mis actos los dictara una humana cobardía!, eso es, que estuviese preso del miedo, por posibles contactos con personas que se habían vuelto peligrosas. En aquellos años sucedió alguna vez también esto: muchos camaradas habían acabado en el trullo por una dirección en la agenda. En fin, que el mío fue un acto de claudicación.

No, no era así: estaba quemando otra cosa y era perfectamente consciente.

Para todos aquellos que no se pasaron a la lucha armada, que eran la mayoría, fueron tiempos en los que poco a poco se vieron constreñidos al silencio.

Como si nuestra naturaleza contra aquel poder, contra aquel Estado, contra el estilo de vida, no tuviese otra posibilidad para hacerse oír que tomando las armas.

Y, sin embargo, veníamos todos del mismo 68, veníamos todos de las mismas necesidades de igualdad, de justicia, veníamos todos del mismo gran sueño.

Diario

El cuerpo de Polinices se confunde entre los otros, pero conserva alguna muestra de la realeza pasada: una faja, un brazalete que la depredación de los vencedores no ha osado profanar. Lo han echado allí, en el polvo. Los cabellos empapados se mezclan con la tierra. El cuerpo, visto así a distancia en el montón, parece el de un muñeco, lívido, alrededor de una carnicería de espantapájaros en desuso. Es terrible cómo, cuando trato de pensar en una escena similar, vuelve prepotente la imagen de los cuerpos amontonados en los campos de exterminio nazis, el legado de este siglo que se va.

Solo la hermana, Antígona, consigue recuperar el cuerpo, lo huele, se siente llamada, atraída a un lugar en el que no debería estar. Por orden de Creonte, el Estado, queda prohibido dar sepultura a ese cuerpo.

Antígona ha infringido las prohibiciones: ha esparcido sobre el cuerpo escandaloso un puñado de tierra, la suficiente como para quebrar las leyes del Estado antes de seguir con otras más interiores y sagradas.

Ha sido descubierta por los guardias y llevada ante Creonte, pero en mi imaginación se me hace necesario verlos a los tres juntos: no a Antígona ante Creonte en el palacio, sino a Creonte ante ella, entre los cadáveres y, entre ellos, en el suelo, el cuerpo excelente que no se puede sepultar.

Felice Cappa ha sido el promotor de todo el proyecto. Ha sido él quien ha propuesto a Carlo Freccero que se la juegue en un directo en la RAI 2 y, después, ha seguido mediante consejos y sugerencias el proceso de creación de la obra.

Cuando Felice me propuso aquel título, *Corpo di Stato,* me convenció enseguida. Había algo que sonaba bien, eufónico, la idea de un cuerpo a merced de un Estado, pero también el juego de palabras entre *corpo* [cuerpo] y *colpo* [golpe] de Estado.

A medida que avanzaba el trabajo, poco a poco descubriríamos que era ese cuerpo, Moro como persona, el elemento que movería y activaría el flujo de las narraciones.

Estuve una semana repitiéndome en la cabeza el título, a la espera de que floreciese algo, que el cuerpo comenzase a hablarme.

La primera imagen que tomó forma fue precisamente la de aquella escena antigua: Antígona y el cuerpo insepulto del hermano. Había estado muy presente en mi carrera teatral, y ahora volvía bajo un signo diferente, pues es característica de los mitos la capacidad de revelarnos elementos siempre diferentes, almas ocultas.

En 1991 había dirigido a un centenar de actores y actrices para la conmemoración de la masacre de Bolonia del 2 de agosto de 1980, y el proyecto se llamaba precisamente *Antígona de las ciudades*.

En el centro de piazza Maggiore pusimos una enorme colina hecha de tierra. Un poco antes de la escena final, cien cuerpos habían bailado frenéticos sin música, abrazándose y fundiéndose, y ahora yacían boca arriba, abandonados sobre la colina.

A Antígona la interpretaba una anciana, Rosetta, que conocía y con la que había trabajado ya en Alessandria en otro proyecto coral sobre la memoria de aquella ciudad. Era una actriz de un grupo aficionado, había trabajado en Borsalino, y estaba dotada de una excepcional destreza teatral.

Atravesaba la colina de cuerpos apoyándose en un bastón, porque durante las pruebas se había torcido un tobillo. Tenía un texto largo, un canto fúnebre por todos aquellos cuerpos insepultos, víctimas de la masacre, multiplicaciones de Polinices.

Yo seguía la escena desde la sala de dirección: una azotea equipada que daba a la plaza, en el silencio más absoluto. Mientras aquella viejecita renqueante atravesaba el mundo, la muchedumbre de espectadores —más de diez mil personas— aguantaba la respiración, como yo.

La seguía con el corazón en un puño. Habíamos tenido poco tiempo para ensayar. El micrófono sobre el pecho de Rosetta era una lotería: había saltado dos veces poco antes de comenzar y ella no estaba acostumbrada a usarlo. Realmente podía no conseguirlo y no habría opción a réplica: era un evento único e irrepetible. Rosetta llegó al final de su intervención. La tensión en la plaza era altísima. Fue como un huracán, nunca he vuelto a oír una ovación similar.

No sé cómo era ni qué forma tenía de verdad el teatro en la antigua Grecia. Hay muchas leyendas y cada uno se lo imagina como quiere, pero aquella noche sentí que no estábamos tan lejos. Toda una ciudad estaba allá para escuchar una historia que le concernía, y había sido la ciudad la que encargó el montaje. Me habían pedido a mí, a un artista, que pusiera en escena una memoria, para no olvidar.

Ahora la RAI, gracias a Carlo Freccero, hacía algo parecido. En el fondo, en este caso también había una polis, una entidad pública que me pedía una narración de la memoria, aunque esta vez el salto en el tiempo era breve, a nuestro pasado más reciente, solo veinte años antes. No había cien actores en esta ocasión: estaba solo yo en escena y la plaza televisiva era bastante más amplia que la de Bolonia.

27 de abril

Estoy con Maria Maglietta y Felice Cappa realizando una inspección ocular entre las ruinas del mercado de Trajano de Roma. Al fin nos lo han concedido, nadie lo había conseguido antes. Uno de los alguaciles del Ayuntamiento, un joven objetor que cumple el servicio civil, nos dice que el año anterior ese mismo espacio lo pidió otro director y no se lo concedieron.

Más tarde descubriremos que se trataba de Peter Stein.

La superintendente de Bienes Culturales nos había acompañado en la visita haciéndonos mil ruegos. Con una cara que expresaba una suerte de derrota —en el fondo, aquel era su territorio y nosotros se lo estábamos invadiendo—, nos marcó las zonas que no se podían pisar, las ruinas que no se podían tocar. Estaba sobre todo asustada por el equipo que llevaba la RAI, que los técnicos, socarrones, dicen que es ligerísimo. Nos suplica que los espectadores no sean más de cincuenta —el día del directo serán más de doscientos— y, mientras Felice la tranquiliza, yo ya me imagino subiéndome a aquel trozo de capitel, usando como silla ese otro en una parte más íntima del relato. La hierba está crecida, lozana, la cortarán, nos asegura, pero casi me gusta más así. Las zapatillas se empapan al caminar, allí está la especial humedad de Roma.

Desde lo alto del paseo del foro imperial muchos curiosos se hacinaban en la barandilla. Nos miran, quizás creen que estamos grabando una película. Seguro que muchos lo seguirán desde allí la noche del 9 de mayo. Felice piensa en instalar una pantalla gigante que emita las imágenes desde el foso en el que estamos, pero descubre que cuesta mucho y lo dejamos pasar.

Maria merodea ascética y sacude la cabeza. Nunca ha estado convencida de la idea de retransmitir el directo desde allí, un escenario demasiado grandilocuente según ella, con el riesgo de resultar retóricos: el corazón del Estado, el corazón de Roma, antiguo y contemporáneo, demasiado previsible. Pero Felice insiste, dice que es preciso ser sencillos, no tener miedo del lugar común, que la televisión no es teatro.

De todas formas, hemos renunciado ya a la gran escalinata. Maria nos ha convencido de esto. Tengo que narrar entre las ruinas, a la altura de los espectadores, sin tarimas, entre restos de un mundo que ya no existe, y los fragmentos de ese mundo serán la forma y el contenido de mi narración.

A mis espaldas tengo un muro agrietado; a mi izquierda, columnas de un templo que después descubriremos que se trata, por ironías de las coincidencias, de un templo a la Justicia. Sobre el muro que hay a mis espaldas se intuye el plano de otra ciudad: el tema de las dos ciudades, la visible y la interior, será parte central del relato.

Intento repetir algunos fragmentos que ya he almacenado en la memoria, pero me resulta difícil. La mirada se escapa en todas direcciones, me siento solo y perdido. El espacio me parece inmenso, no es un lugar cualquiera: está lleno de presencias. Hace apenas dos mil años aquí había gente que se encontraba, discutía, vivía. ¿Narraban también muertes oscuras de añadas terribles?

Llevo en el bolsillo el librito de Sciascia titulado *El caso Moro*. Leo y releo el mismo fragmento: una presentación despiadada y, al mismo tiempo, compasiva, de la figura de Moro. Podría ser un final o, incluso, un comienzo, una introducción. Querría leerla con el libro en la mano, quizás de espaldas a los espectadores presentes, sobre la gran explanada con las columnas partidas y desmontadas que ahora tengo delante, creando así un sentimiento de lejanía.

Y, por último, está la palabra que por vez primera escribe con toda su atroz crudeza, la palabra que por fin se le muestra en su verdadero, profundo y pútrido significado: la palabra «poder». «Repito, no quiero a mi alrededor a hombres del poder». En la carta anterior había hablado de «autoridades del Estado» y «hombres de partido»; solo en esta llega a la denominación justa, a la horrible palabra.

Por el poder y del poder había vivido él hasta las nueve de la mañana de aquel 16 de marzo. Ha esperado seguir teniéndolo, quizá para volver a ostentarlo plenamente, sin duda para evitar morir de aquel modo. Pero ahora sabe que lo tienen los otros: en los otros reconoce su faz monstruosa, estúpida, feroz. En los «amigos», en los «fidelísimos de los buenos momentos», macabros, obscenos buenos momentos del poder.

«Los buenos momentos», los buenos momentos del poder. Lo dice con ironía, una ironía que viene de lejos, y que ahora es amarga y dolorosa.

No creo que lo alegrara nunca el poder. Lo amó, pero también sufrió por él. Ser el mejor y tener que despreciar a los demás quizá le daba la medida cristiana de su miseria. Y esto era lo que lo diferenciaba de los demás, y la razón por la que entre todos, y, en cierto sentido por ellos, fue elegido para morir.

La idea de este fragmento ha permanecido firme hasta pocos días antes del estreno. De repente, sin comunicárnoslo los unos a los otros, casi al unísono, hemos creído que no funcionaba, que era demasiado. Significaba abrir otro relato y otra visión en la que no estaba en condiciones de profundizar.

No debíamos dejarnos engatusar por la figura política de Moro, por el escenario de tramas e intrigas que su muerte llevaba consigo. No, por ese camino hubiéramos vuelto a caer fácilmente en las teorías de la conspiración y en las habladurías. No, el cuerpo de Moro era el eje magnético de la narración, la corporeidad de un cuerpo que se había vuelto molesto; fuera vivo, cuerpo prisionero, o muerto, cuerpo inmolado/predestinado.

Así se consolidaba una segunda imagen que había incluido en el título, una imagen que poner al lado de la del cuerpo insepulto de Polinices: un trávelin de rostros petrificados, de pie, compungidos, alguno conmovido de verdad, aquí los tienen, los hombres del Poder ofician un rito fúnebre. La cámara les pasa revista. Miran al frente o al suelo porque no hay un féretro donde hacer converger las miradas. El cuerpo de Aldo Moro no está allí, no existe. El verdadero funeral transcurre en otro lugar, con el reducido círculo familiar. Un cuerpo sustraído a la dimensión pública. Un cuerpo sin Estado.

De un lado, el Estado de Creonte que de ninguna manera quiere enterrar el cuerpo molesto de Polinices; del otro, el Estado de la firmeza que querría dar una sepultura ritual al cuerpo molesto de Moro.

Librándose de la mirada pública, ese cuerpo se convierte aún más en un signo de injusticia cumplida, parábola terminal de un cautiverio demasiado largo.

Desde el inicio, el asunto de Moro se me ha aparecido bajo la forma de la tragedia. A medida que avanzaba en la lectura de textos, las actas de los juicios, las autobiografías de los brigadistas, la infinita mole de artículos periodísticos, en esa maraña en la que más de una vez he temido precipitarme, se me perfilaba más claro el escenario trágico.

Qué extraño: tenía delante la figura de un cristiano creyente y, sin embargo, mi mirada laica y escéptica no veía una Redención, sino el Destino.

El concepto de redención propio del cristianismo solo puede oponerse a la conciencia trágica. Cada individuo tiene siempre y de todas las formas la posibilidad de salvarse y esto destruye el sentido trágico de una ruina sin escapatoria. Sin embargo, aquí, en la historia de Moro, todo se precipitaba hacia la ruina; no solo la suya, física, material, sino también la del mundo que lo rodeaba, donde también me incluía yo, mi generación. Era como si el cuerpo de Moro arrastrase consigo todo un periodo histórico y revelase, pusiese al desnudo, sus relaciones y contradicciones.

En el fondo, pensando en los cambios acaecidos después de su muerte, esa forma de morir tiene casi un sentido catártico. Acaba un periodo, se despoja de las palabras que lo habían mantenido unido. Y en esto, en el recorrido que lleva a esto, hay —y está siempre presente— una suerte de inevitabilidad.

Quisiera hacer ver la muerte de Moro como el sacrificio de un chivo expiatorio, como la víctima sacrificial necesaria para descomponer-recomponer un mundo. Pero querría decirlo con palabras simples. Todo el texto debe fluir como una narración, no debe haber explicaciones sino acontecimientos. Es necesario hacer sentir la presencia de lo trágico con pocas imágenes, de alta densidad, quizás basta con un gesto. Me imagino deteniendo los momentos antes de la muerte, dentro del garaje, como estuviese en otro sitio, sobre un ara antigua, pero, al mismo tiempo, el rito es brutal, sin sacralidad, inevitable, aun pudiéndose haber evitado.

El sol despunta por detrás de las nubes y el aire se serena, despejado, resplandeciente.

Llevo lejos de Roma más de seis años y he pasado aquí más de treinta, casi toda mi vida. Ahora vuelvo, pero en sordina, al corazón secreto de la ciudad, un poco a escondidas. En estos días de preparación no hago otra cosa que ir del hotelito de via Cavour a aquí, unos pasos y me escondo entre las ruinas, más romano que todos los que pasan por las calles que las rodean. Si cambio de recorrido me siento inseguro. Cuando, por el contrario, me acomodo entre los capiteles y, con tenaz disciplina, repito fragmentos e historias, estoy en paz, me siento casi protegido. Y el lugar no me amedrenta, es más, me parece que cada día lo controlo más, como los gatos que hay aquí por doquier, los verdaderos dueños de las ruinas. Aunque el otro día vi una rata escabullirse por la alcantarilla a pocos metros de mis capiteles romanos y ningún gato se atrevió a atacarla, de modo que hay otros habitantes y otros estratos de vida que desconozco.

Intento alargar con la imaginación, hacia el cielo, los fustes de las columnas rotas. Intento completar las curvas de los arcos de contención y cerrar la cúpula. Debía de ser un escenario suntuoso y magnífico: quizás era el telón de fondo adecuado para la representación de una tragedia. Aunque creo que los romanos, prácticos como eran, hubieran dejado escapar desde el principio el significado profundo.

Sobre la escalinata a mis espaldas puedo intuir el cuerpo de César que rueda, acuchillado por Bruto y los suyos; puedo ver el rostro sorprendido del tirano y su cuerpo deslizándose allá, expuesto públicamente. La tragedia necesita espacios abiertos, visibles. Los hombres del mismo partido de César se arman y lo acuchillan. También ellos se exponen, actúan, pero no tienen necesidad de recurrir a intermediarios, a silencios secretos y, aún menos, a servicios secretos.

Aquí, en cambio, en este año 1978 que tendré que revivir, con todo el dolor que aquellas memorias acarrean, la tragedia se desarrolla entre anónimas cabinas de teléfono, sórdidos garajes, apartamentos, coches robados; se desarrolla en textos cifrados, letras ocultas y después exhibidas en el momento oportuno; chantajes transversales, palabras nada nítidas; se desarrolla con el rumor de fondo de una ciudad que no se detiene, que cuenta los muertos y que tiene miedo.

Y, sin embargo, a pesar de representarse en otros escenarios, no deja de ser tragedia.

Intento adoptar la posición de un narrador que recita entre dos capiteles derruidos, como si estuviese encastrado entre dos paredes de mármol. Podría ser una imagen interesante. Sonrío: es cine, no teatro, no mi teatro. Deslizo la mano por el mármol poroso. En la incrustación floral hay un caracol dentro de la cáscara. Pienso en el artesano que hace más de dos mil años hizo a golpe de cincel estos decorados sabiendo que después se alzarían a más de veinte metros, casi invisibles desde abajo. Sin embargo, qué esmero, qué humilde práctica artística, qué precisión, como si en el acto de cincelar hubiese un sentido completo en sí mismo, suficiente para nutrirlo. Hay algo que aprender aquí: ser un mero vehículo del arte que se posee, transmitir el relato sin anteponerme a él, no mostrar arrogancia, esconder la habilidad técnica, hacer que la narración se escuche como algo que todos reconocen. Digo el acto en sí, más allá del contenido de las historias narradas, como si fuese un patrimonio común. Cuando me escuche, a cualquiera le debe de venir a su vez el deseo de contar, o al menos de intentarlo. El espectador debe ver en la obra algo aparentemente fácil, ordinario, un acto reconocible y querido.

Pero, al mismo tiempo, como este capitel esculpido, hay que ser eficaces, concisos, no debe haber un elemento de más, no excederse: la justa medida.

Como cuando la experiencia te dice que el plato está listo para ser saboreado.

Pero para hacerlo así hace falta tener el tiempo que no tengo. Por lo general, una narración se define y se depura a través de las representaciones, las repeticiones y el encuentro con espectadores siempre diferentes.

Después de más de cincuenta representaciones, *Kohlhaas* es una escultura casi perfecta: ha alcanzado su propio clasicismo. El espectáculo comienza, las luces se concentran en una silla vacía, no hay nada más en escena, yo me siento y el relato fluye dentro de mí, como si ya no fuese mío. Me puedo oír desde fuera, cada representación es una joya inesperada.

Aquí, en cambio, la situación ha cambiado: preparo un espectáculo teatral que se estrenará en televisión y, además, en directo; no tendré tiempo para comprobaciones, excepto pocas pruebas técnicas para acostumbrarme a las cámaras, al hormiguero descontrolado que es una *troupe* televisiva en directo.

¿Qué hacer, entonces? Maria me responde: «Ser sincero: este es el punto decisivo. Que no se perciba la artificialidad, ser directos, y contar solo cosas realmente vividas, buscando recordar quiénes éramos con nuestros sentimientos, proclamas y deseos».

Cuando en enero empezamos a adentrarnos en el asunto de Moro, con lecturas cruzadas, con Alessandra Ghiglione presentándonos vía fax guiones teatrales, nos sentimos impotentes. La cantidad de información era enorme, uno se perdía en ella, o peor, nos arriesgábamos a revolcarnos en el mismo terreno fangoso que todavía hoy recubre la verdad del caso.

Después, encontré por casualidad un librito de Adriano Sofri, *L'ombra di Moro*. Una aproximación diferente, un intento de investigar a través del caso Moro los hábitos, o mejor, el carácter de un pueblo, la esfera de los sentimientos.

En un momento dado, Sofri intenta captar un sentimiento oscuro quizá común en muchos exponentes del frente de la firmeza y quizá presente incluso en la mente de algún brigadista. Una mezcla de conmiseración por sí mismos y de orgullo de cara al sacrificio buscado de una persona. Una mezcla de vanidad y de la sensación de haber cumplido con el deber hasta el final. Pues bien, en la búsqueda de este sentimiento, Sofri usa un relato autobiográfico, el recuerdo del sacrificio de su perro enfermo, él adolescente conforme con el crimen y esa especie de dolor viril experimentado después, a hechos consumados, como para sentirse grande.

Pero después se preguntaba, pasado el tiempo: ¿por qué no he actuado para impedir que sucediese?

Ese breve detalle, una verdadera digresión en el libro, me pareció enseguida un camino singular y eficaz en su simplicidad. Entrar en primera persona, a través de las experiencias propias, dentro de una Historia más grande y, de repente, iluminarla de través.

Fue precisamente Maria quien me descolocó una mañana con una sencilla pregunta, que hasta ahora no habíamos tenido la intuición de hacernos.

¿Dónde estuve yo los cincuenta y cinco días del secuestro de Moro? ¿A qué me dedicaba? ¿Cómo había pasado de la lucha política al teatro? ¿Qué había sucedido a mi alrededor? ¿Y dentro de mí?

Una vez formuladas con claridad estas preguntas y otras similares, durante varios días no hice otra cosa que recordar. De golpe, era yo el que tenía el uso de la palabra, no los diarios y los libros de los estudios.

Los documentos, los extractos periodísticos se convertían en el trasfondo. La Historia, un tapiz sobre el cual se injertaba una constelación de historias más pequeñas, episodios, nombres, camaradas a los que había perdido la pista dentro de mí, lugares de la ciudad.

Comencé así una exploración interior a veces muy dolorosa. Cada día se cerraba con una revelación. Era materia removida que yacía en alguna parte dentro de mi memoria y que había sido abandonado allá.

En esos «días de la memoria» veía a Mirto, mi hijo que contaba ya veintiún años, escuchar mis relatos con la actitud de alguien a quien se le revela una dimensión inesperada. De aquellos años, de mí había oído poco o nada: imágenes de documentales, indicios, folklore. Ahora, en cambio, sentía que me estaba sumergiendo en un panorama desconocido para él.

Contaba y después escribía, rellenaba páginas en cuadernos que, a continuación, Maria y Alessandra transcribían diariamente a ordenador, buscando darle un orden, una progresión. Pero ahora había entusiasmo, sentíamos que ese era el camino correcto. El mapa se iba completando, e incluso se desbordaba: había que elegir y seleccionar, pero contarlo todo fuese como fuese, contar de verdad los sentimientos de entonces, no ocultarse, no leer aquellos días a toro pasado, no dejar una distancia profesional, estar allí, interpretándome a mí mismo veinte años antes.

Solo así hubiera podido estudiar aquellos momentos, ponerme frente al rostro de aquel hombre político y volver a atar los hilos dispersos de un recorrido que, a pesar de todo, había existido, en la confusión, en la decepción; había existido por el simple hecho de que todavía estaba aquí y podía narrarlo.

Faltan solo cuatro días para el directo, ahora hay un sol espléndido que pega duro y que evapora la humedad de la noche. En los días pasados ha llovido a cántaros y hemos tenido que renunciar a algunos ensayos, perdiendo así tres de los días previstos.

Los técnicos de la cuadrilla de la RAI son gente competente, se han implicado en la empresa y a menudo me los encuentro con la boca abierta escuchando mis historias durante los ensayos. Alguno se me acerca para contarme cosas de él en aquellos años. A fin de cuentas, esto es un vaivén de generaciones diferentes, cada uno aporta un fragmento, me quiere narrar una situación, un episodio. Es una buena señal, quiere decir que la narración no se agota en mí, sino que genera a su vez otras historias: el mejor resultado para un narrador.

Los trabajadores del Ayuntamiento han desbrozado alrededor de las ruinas donde discurrirá el relato, así las piedras resaltan más.

Me miro en el monitor que han colocado en el prado para las primeras pruebas de rodaje: me veo torpe y recargado, un pedazo de hombre que no se corresponde en absoluto con cómo me siento, como si con el paso de los años aumentase la separación entre mi imagen real y mi imagen interior.

Al verme así, percibo el tiempo transcurrido entre el yo de entonces y el narrador de hoy: veinte años. Es verdaderamente extraño. En teatro no solemos contar nuestro pasado inmediato, es demasiado arriesgado, los hechos están demasiado cerca, así que estos veinte años parece que sean el triple por cómo ha cambiado el mundo alrededor. Parece que haya transcurrido bastante más tiempo que el real, y quizá sea verdad, ¿qué sabemos, después de todo, del tiempo?

Miro las imágenes en vídeo que se intercalarán con mis relatos y realmente parece que esas caras, esos trajes y paisajes provengan de otro tiempo, quizás incluso de otro país.

Con la ayuda de Michele Buri, un genio del montaje que conocí en la RAI cuando realicé la versión televisiva de *Kohlhaas,* hemos ensamblado fragmentos de fotos inéditas de aquellos años haciendo que se muevan durante las tomas con la cámara con trávelins y zums, mezclándolas después con sonidos de aquellos días, fragmentos de transmisiones de radios libres, canciones del grupo Area, informes de telediarios. Son secuencias de quince, veinte segundos, cortes entre un relato y el siguiente, fragmentos de rostros, cascos, porras, lacrimógenos, camionetas, manifestaciones, peleas, pancartas. Es increíble el impacto emotivo que suscitan. Realmente vienen de otro mundo, tan distante que parece ajeno.

Aunque así éramos. Esa era la sociedad, esa era la violencia, esos eran los signos del mundo que nos rodeaba.

En escena estaré, pues, como me veo: una figura solitaria que narra a fantasmas. No: por suerte habrá espectadores de carne y hueso. De todas formas, será un yo narrador, tampoco esto es habitual. Por lo general, se narra en tercera persona, con tal de que el narrador pueda tomar las distancias necesarias con los personajes que evoca.

Me surgen dudas que ahora no me puedo permitir: ¿y si fuese una actitud demasiado narcisista?

Y si se viese solo como el testimonio de un superviviente, de los que vuelven de experiencias vividas con intensidad, de años peligrosos y, cuando lo cuentan, nadie los escucha, o lo escuchan con fastidio. Podría suceder que existiese la voluntad de no remover tiempos que, en el fondo, todos hemos evitado nombrar demasiado.

Releí a mi querido Camus, anoche, en el hotel: «Estaban alrededor de una mesa redonda, tres jóvenes y él, viejo. Contaba sus pobres aventuras… No toleraba interrupciones en la narración y, por la prisa de decir todo antes de que lo abandonasen, escogía de su propio pasado lo que pensaba que era más adecuado para impresionar a los oyentes. Que le escuchasen era su único vicio… Al final de una vida, la vejez se repite como una náusea. Todo acaba cuando dejan de prestarte atención… En cuanto a él, necesitaba que lo escuchasen para que creyese en la vida».

¡Qué golpe más certero en el estómago! La lectura apropiada para reforzarme en mi preparación, como si un boxeador antes de salir al cuadrilátero se pone a ver vídeos de los nocauts recibidos.

Bueno, ¿y si fuese así? Merece la pena correr el riesgo y quizás aquel viejo de Camus narraba mal o buscaba cautivar demasiado a los oyentes. O es posible que uno tenga experiencias inconsistentes y no soporten ser contadas. O que no sea capaz de acordarse de cuáles son necesarias y fundamentales. Es muy difícil buscarse dentro una secuencia ordenada de narraciones con la cual esbozar una vida. La vida se vive; solo después y con paciencia se puede discernir algo útil para nosotros y para aquellos a los que narramos, es decir, para el resto. Concibo el acto de narrar como un acto extremo, como si después del último relato el narrador pudiese quedarse en el sitio. Si piensas esto, no puedes sino narrar cosas potentes y necesarias. Sí, es mejor pensar que después de morir solo quedan de ti algunas frases, imágenes, pequeños relatos que transmitir.

No, ahora solo me queda lanzarme.

Tengo poco tiempo para aprender a mirar a la cámara, para fijar los ojos como si le hablase a alguien que estuviera allí dentro, aunque en algunos pasajes es absolutamente necesario. Debo recordar que mis espectadores no son solo los que se sentarán delante de mí entre las piedras del foro, sino sobre todo los que están escondidos en el éter, detrás de las lucecitas rojas que se encienden amenazadoras sobre las cámaras de televisión. Al mismo tiempo, tendré sentados aquí delante a un centenar de jóvenes de unos veinte años, como mi hijo, que estará entre ellos y, por instinto, por experiencia teatral, me saldrá contárselo a ellos, buscaré sus miradas. Por no hablar de la treintena de espectadores que estarán a mi izquierda, casi detrás de mí. Es terrible: no me dirigiré a ellos en ningún momento, pero servirán para transmitir el sentido de comunidad cercana al narrador a quien lo vea por la pantalla. A mí me parece una traición: me acompañarán solo de lado sin encontrar nunca mi mirada. Me aseguran que funcionará igual; sacudo la cabeza, pero acepto.

Pasa igual con la voz. Con el micrófono no tendré la necesidad de la potencia vocal que requiere el teatro. Ganaré en intimidad, en los momentos de reflexión. Esta mañana, durante un simulacro del directo para probar el sonido, se me ha caído del bolsillo la petaca con las pilas. He hecho un signo al técnico de sonido para un cambio del aparato durante los quince segundos de la transición vídeo-fotográfica. Ha habido un gran trajín de manos sobre mi cuerpo. Me parecía que era un coche de Fórmula 1 parado en el box para un cambio de ruedas. Estaban más nerviosos ellos que yo: al acabarse la pausa estaba listo de nuevo, pero si sucede durante el directo estaremos en apuros.

Siempre he desconfiado de las máquinas y las tecnologías. No por esnobismo, sino por instinto. Me mantengo alejado, quizás por esto he desarrollado poco a poco un teatro tan franciscano: palabras y cuerpos, algún objeto y poco más.

Pero aquí es diferente. La maraña de cables, las cámaras de televisión, las incursiones de la cámara fotográfica, las señales mudas que se intercambian los técnicos, todo el pulular de tecnologías y personas… hacen que se me sienta aún más solitario y extranjero. Pero está bien así, así ha de ser.

He cambiado los nombres de los camaradas y de las personas que aparecen en mis narraciones. Maria tiene razón: en esto hay que ser respetuoso. No los llamaré como los he conocido en realidad, sino de otra forma. Aun así, sé que nada más comience a narrarlos, los visualizaré nítidos, tal como eran, no será un nombre diferente lo que los podrá esconder a la vista de mi memoria.

Solo hemos dejado a un camarada con su nombre y apellido: Peppino Impastato, asesinado por la mafia el mismo día en que Moro fue ametrallado. Lo hemos pensado mucho, pero al final nos hemos decidido: comenzaré, precisamente, contando estas dos muertes en paralelo, con secuencias rápidas y densas, pasando de la una a la otra como si fuese un mismo evento.

Peppino es una parte de mí, no solo porque lo conocí y lo aprecié, sino también porque eligió ensuciarse las manos, actuar realmente en medio de la gente. Un modo de hacer política bastante alejado de las proclamas revolucionarias. Lo admiré ya entonces por ponerse a trabajar de forma humilde, con sus propios recursos.

Y, después, Peppino fue sepultado bajo el olvido general, entregado al silencio, un poco como todos nosotros y como aquellos años jamás contados. Ahora que tenía la posibilidad de hablar, podía revivirlo, aunque solo fuera un instante, y contar algunos detalles de su asesinato.

Brecht decía que es feliz aquel pueblo que ya no tiene necesidad de héroes. Pienso que no somos un pueblo dichoso, no, tenemos la desesperada necesidad de figuras heroicas, pero no las hay. Y Peppino, a su modo, lo fue, y yo lo contaré escandalosamente contrastándolo con la muerte de Moro. Un cuerpo desconocido al lado de un cuerpo famoso; un cuerpo silencioso al lado de un cuerpo ruidoso.

Hemos descubierto que hoy, un día antes del directo, a dos pasos de nosotros, a lo largo de los foros imperiales, hay un concierto-manifestación de los de Legambiente, y están armando una buena. Me toca ensayar sumido entre decibelios amplificados a toda potencia que entran en mi micrófono y lo distorsionan todo. Hablo, pero es como si estuviese mudo. Los técnicos me oyen a través de los cascos, todo se vuelve ciertamente fantasmagórico.

Se necesita un extra de disciplina, la misma que le pido a mis actores cuando los dirijo. Sigo adelante como puedo.

Esta noche, tarde, haremos una grabación como si fuese el directo. Así, si mañana llueve, tendremos un ensayo general que poder emitir en antena. Pero no quiero pensar en ello, simplemente no lloverá.

El buen Dios de los temporales estará distraído mañana, ¡hay tantos lugares donde hacer que llueva! ¿Lo tiene que hacer justamente aquí?

Últimos preparativos, es la una de la madrugada, hemos grabado un buen ensayo. Me dicen que si quiero ver la grabación de esta noche. No, prefiero no verla. Prefiero quedarme con las sensaciones, buenas y malas, de lo que me ha sucedido en persona. Total, estoy de todas formas en sus manos, un rehén a merced de encuadres, trávelins, panorámicas… Yo solo tengo que intentar ser yo mismo y usar toda mi sabiduría como narrador. Del resto, que se encarguen ellos.

Me gustaría fisgonear y dar consejos, claro, es un mundo fascinante también, lo sé. Cuando rodé *Teatro di guerra* con Mario Martone me dejó fascinado el set, los movimientos de las cámaras y todavía más el montaje. Es verdaderamente un mundo aparte. Allá se le arrebatan al actor las vivencias a las que ha dado vida y se recomponen siguiendo poéticas y visiones que no percibe.

Antes o después quiero meter la cabeza en el mundo del montaje, me atrae. Pero hoy no. Tengo muy poco tiempo. Debo estar en forma. Sin distracciones. Sin reflexiones.

En estos días me parece que soy uno de esos atletas que se preparan para batir un récord o llevar a cabo una empresa excepcional. Tengo cuidado con las comidas, con las horas de sueño, con no malgastar energías inútiles, hago ejercicio.

Quizá entre estas ruinas me imagino mejor como un gladiador de otros tiempos. Eso es: si me equivoco, si cometo un error, me comerá vivo el pueblo del vídeo. Son ellos los otros adversarios.

Me conceden el derecho de estar allí y de hablar. Listos para aplaudir si supero la prueba o para destrozarme si me equivoco en algo.

No, me estoy poniendo demasiado dramático. No es realmente así. Lo importante es recordar la regla de oro del teatro: para el espectador, el evento al que asiste es único e irrepetible. No debe haber nunca errores, a menos que sea el actor el que los evidencie por miedo, pánico o inexperiencia. De lo contrario, no existe el error. Como mucho, por unos segundos, se puede vacilar un instante sin red, pero no se puede caer nunca, porque el guion siempre puede cambiar.

Una vez, en un espectáculo mío, *Oz,* del cual era autor y director, se fundió una lámpara alógena del escenario, la luz saltó y, en la penumbra de la sala abarrotada de público, los bomberos vieron cómo la lámpara fundida humeaba. Sin pensarlo un instante intervinieron con rapidez, corrieron por el espacio que había detrás del escenario, que era un cuartucho donde los cuatro personajes del espectáculo estaban atrapados. Como no pudieron entrar, los bomberos comenzaron a inundar de espuma de extintor el interior.

Todo esto sucedía en el momento en que los cuatro intentaban desencadenar un motín en la cárcel contra los magos de Oz que los tenían recluidos.

Cuando volvió la electricidad, las luces encendidas revelaron los cuatro cuerpos cubiertos de espuma blanca, desplomados por la rociada, desorientados porque de verdad no tenían idea alguna de cómo continuar.

La escena era perfecta: el motín, como era de esperar, había sido sofocado.

Hubo un aplauso ensordecedor, entusiasmado.

Fue una lástima que aquella escena no se pudiera repetir, pero, para los espectadores, aquella noche el espectáculo era eso y no otra cosa.

9 de mayo de 1998

Aquí estamos, faltan pocos minutos para el directo. Me repito por última vez algunos de los pasajes más difíciles. Estoy extrañamente tranquilo, me muevo lento sin reaccionar a la agitación de los técnicos y de los espectadores presentes que saben que saldrán a escena ellos también.

Mirto me hace un signo con el pulgar levantado, le sonrío. Maria está ya sentada, también ella me parece tranquila.

Miro los ojos de las cámaras de televisión. En pocos minutos me verá de golpe un número de espectadores que no alcanzaré ni siquiera en diez años de representaciones teatrales y, sin embargo, siento que tiemblo más cuando estreno en un teatro. No sé, aquí es diferente.

Sé que ellos, los espectadores, están, pero no los siento. Percibo solo jóvenes apasionados que esperan de mí un relato de hace veinte años, de cuando acababan de nacer, de la época de sus padres, y con esto me basta.

Venga, voy a contar un pedazo de nuestra historia. Vale la pena, acepto el riesgo.

El técnico de la primera cámara me señala con los dedos que faltan veinte, quince, diez segundos. De golpe me invade un miedo total, se me confunde todo; niebla, solo hay niebla.

Después, empieza la emisión y mi cuerpo avanza, sabe qué hacer, dónde mirar, tiene buena memoria, el tío.

Tiene razón el viejo Beckett: «Mi cuerpo hará lo que mejor sabe hacer, incluso sin mí».

«E il naufragar m'è dolce in questo mare»